U0735539

财务管理体系与会计核算研究

主　编　王　昆　李　伟

编　委　李　超　林彦兵

　　　　苏壮君　周进超

　　　　何　秋　邹林翰

　　　　郭　娜　钱　程

汕头大学出版社

图书在版编目（CIP）数据

财务管理体系与会计核算研究 / 王昆，李伟主编.

汕头：汕头大学出版社，2024. 9. -- ISBN 978-7-5658-

5411-8

Ⅰ. F275

中国国家版本馆 CIP 数据核字第 20243U0510 号

财务管理体系与会计核算研究
CAIWU GUANLI TIXI YU KUAIJI HESUAN YANJIU

主　　编：王　昆　李　伟
责任编辑：郑舜钦
责任技编：黄东生
封面设计：刘梦杏
出版发行：汕头大学出版社
　　　　　广东省汕头市大学路 243 号汕头大学校园内　　邮政编码：515063
电　　话：0754-82904613
印　　刷：廊坊市海涛印刷有限公司
开　　本：710mm×1000mm　1/16
印　　张：11.75
字　　数：200 千字
版　　次：2024 年 9 月第 1 版
印　　次：2025 年 1 月第 1 次印刷
定　　价：68.00 元
ISBN 978-7-5658-5411-8

版权所有，翻版必究

如发现印装质量问题，请与承印厂联系退换

前 言

随着全球经济的飞速发展，财务管理与会计核算作为企业管理体系中的核心环节，其重要性与复杂性日益凸显。无论是大型企业还是中小企业，均面临着财务管理与会计核算带来的种种挑战。剖析财务管理与会计核算的核心理念、实践应用以及未来发展趋势，以期为企业提供更全面、更精准的决策支持。

财务管理作为企业资金筹措、使用、分配及监管的综合过程，其目标是实现企业价值的最大化。在这一过程中，会计核算作为财务管理的基石，通过记录、分类、汇总和报告企业的经济业务，为管理者提供决策所需的财务信息。因此，财务管理与会计核算的紧密结合，对于确保企业财务稳健、提高经济效益具有至关重要的意义。

当前，财务管理与会计核算面临着诸多挑战。一方面，随着信息技术的飞速发展，财务管理与会计核算的信息化、智能化水平不断提高，为企业提供了更加便捷、高效的管理手段。然而，这也要求企业不断提升财务管理与会计核算人员的专业素养，以适应新技术带来的变革。另一方面，全球经济一体化的深入发展，使得企业财务管理的外部环境日趋复杂，跨国经营、跨境融资等新型业务模式不断涌现，对财务管理与会计核算提出了更高的要求。

针对这些挑战，本书围绕"财务管理体系与会计核算"这一主题，由浅入深地阐述了财务管理与会计核算在企业运营中的重要性，系统地论述了财务管理体系及其优化路径、会计核算及其完善措施，深入探究了财务管理体系与会计核算的关系、财务管理体系中的会计核算实践、财务管理体系与会计核算的协同发展等内容，以期为读者理解和践行财务管理体系与会计核算提供有价值的参考和借鉴。本书内容翔实、条理清晰、逻辑合理，兼具理论性与实践性，适用于从事与财务、会计相关工作的专业人员。

　　总之，财务管理与会计核算作为企业管理的重要组成部分，其研究与实践对于提升企业管理水平、增强企业竞争力具有重要意义。通过深入剖析财务管理与会计核算的核心理念与实践应用，为企业提供更全面、更精准的决策支持，推动企业财务管理与会计核算工作的不断创新与发展。

目　录

第一章　财务管理与会计核算综述

第一节　财务管理在企业运营中的作用

一、财务管理的含义与特点

(一) 财务管理的含义

财务管理，作为企业管理体系的核心组成部分，是指企业在一定的战略目标指导下，对资产的购置 (投资)、资本的融通 (筹资) 和经营中的现金流量 (营运资金)，以及利润分配的管理。它不仅是企业生产经营管理的一个重要方面，更是企业实现价值最大化的基础和保障。

财务管理的含义丰富而深远。它涉及企业经济活动的各个方面，从资金的筹集、使用到分配，都需要进行科学的规划和管理。财务管理的目标是实现企业的财务安全和经济效益，确保企业在激烈的市场竞争中能够稳健发展。

(二) 财务管理的特点

财务管理具有以下几个显著特点：

1. 系统性

财务管理是一个完整的系统，各个环节之间相互联系、相互制约。企业需要根据自身的经营特点和市场环境，制定合适的财务策略，确保资金的合理使用和有效循环。

2. 预测性

财务管理需要对企业的未来经济状况进行预测和规划。通过对市场趋势、行业竞争态势以及企业自身能力的深入分析，财务管理人员能够为企业制订科学的财务计划，为企业的未来发展提供有力支持。

3. 决策性

财务管理是企业决策的重要依据。通过对财务数据的分析和处理，财务管理人员能够为企业的投资决策、融资决策以及经营决策提供有力的数据支持，帮助企业实现资源的优化配置和经济效益的提升。

4. 监控性

财务管理需要对企业的经济活动进行实时监控和评估。通过对预算执行、成本控制、收益分析等方面进行监控，财务管理能够及时发现和解决企业运营过程中遇到的问题，确保企业的财务状况良好。

二、企业运营中财务管理的应用

财务管理作为企业管理体系中的核心部分，贯穿了企业的日常运营、战略制定及长远发展。它在企业内部管理、财务预测与预算、财务分析与决策以及内部控制等多个层面发挥着举足轻重的作用。下面将逐一探讨财务管理在这些方面的应用。

(一) 内部管理

1. 筹资管理

在现代企业的日常运营中，财务管理无疑扮演着举足轻重的角色。作为财务管理的核心环节之一，筹资管理对于企业的资金流动、风险控制和可持续发展具有至关重要的作用。

筹资管理，简言之，就是企业为了满足其生产经营、扩大规模或投资新项目等资金需求，通过各种合法渠道和方式筹集资金的过程。筹资管理涉及资金筹措、资金使用、资金归还等多个环节，企业在保障资金安全的前提下，寻求最佳的筹资策略，以实现资金成本的最小化和企业价值的最大化。

筹资管理在企业运行中的应用，首先体现在资金筹措方面。企业可以通过多种方式进行筹资，如银行贷款、发行债券、股权融资等。在选择筹资方式时，企业需要根据自身的财务状况、市场环境以及未来发展需求，进行综合考虑。例如，对于初创企业，由于其规模较小、信用记录尚不完善，可能更适合通过股权融资的方式吸引投资者的支持；而对于规模较大、信用记录良好的企业，发行债券或向银行贷款可能更为合适。

筹资管理在资金使用方面同样发挥着重要作用。企业需要合理规划资金的使用方向，确保资金能够用于支持企业的核心业务和实现企业长期发展。同时，企业还需要对资金的使用情况进行实时监控和评估，确保资金使用的有效性和合规性。

此外，筹资管理还涉及资金归还的问题。企业需要制订明确的还款计划，确保按时归还所筹集的资金，以维护企业的信用记录和声誉。在还款过程中，企业还需要关注资金成本的变化，及时调整还款策略，以降低资金成本。

总的来说，筹资管理是企业财务管理中的重要组成部分，它涉及企业的资金筹措、使用和归还等方面。通过有效的筹资管理，企业可以确保资金的充足和稳定，为企业的生产经营和长期发展提供有力保障。同时，企业还需要不断优化筹资策略，提高筹资效率，降低筹资成本，以实现企业价值的最大化。

为了实现这一目标，企业需要加强财务管理的专业化建设，提高财务管理人员的专业素质和技能水平。同时，企业还需要建立健全的内部控制体系，规范财务管理流程，确保筹资活动的合规性和有效性。此外，企业还需要加强与金融机构、投资者等外部利益相关者的沟通和合作，以获取更多的筹资渠道和资源。

2. 投资管理

在企业的运营过程中，财务管理无疑是一个至关重要的环节。它不仅涉及企业内部的资金流动，更与企业的长远发展、战略规划以及市场竞争力紧密相关。而投资管理作为财务管理的重要组成部分，其应用与实践对于企业的成功至关重要。

投资管理，简言之，就是企业对资金的合理配置和使用，以实现资产的增值和风险的降低。在企业的运营过程中，投资管理涉及多个方面，包括投资决策、资产配置、风险控制等。

首先，投资决策是投资管理的核心。企业在制定投资策略时，需要综合考虑市场环境、行业趋势、竞争态势以及自身的资金状况、风险承受能力等因素。通过科学、合理的投资决策，企业可以将有限的资金投入到具有较高回报和较低风险的项目中，从而实现资产的增值。

其次，资产配置是投资管理的重要环节。企业需要根据自身的经营目标和风险承受能力，对不同类型的资产进行合理配置。例如，企业可以将资金投入股票、债券、房地产等多个领域，以实现资产的多元化和风险的分散。同时，企业还需要密切关注市场动态和资产表现，及时调整资产配置，以应对可能出现的风险。

最后，风险控制也是投资管理不可忽视的一环。投资总是伴随着风险，企业需要通过建立完善的风险评估和管理机制，对投资项目进行严格的筛选和监控。通过定性和定量的分析方法，企业可以评估投资项目的风险水平，并采取相应的风险应对措施，以最大限度地降低投资风险。

投资管理在企业运营中发挥着至关重要的作用。通过科学、合理的投资管理，企业可以优化资金配置，提高资金使用效率，实现资产的增值和风险的降低。同时，投资管理还可以帮助企业更好地应对市场变化和竞争挑战，为企业的长远发展奠定坚实的基础。

然而，投资管理并非一蹴而就，它需要企业具备专业的投资知识和经验，以及敏锐的市场洞察力和风险意识。因此，企业在实践中应不断加强投资管理的专业化建设，提升投资管理团队的素质和能力，以更好地应对投资管理中遇到的各种挑战和问题。同时，企业还应注重投资管理的信息化和数字化建设。通过引入先进的投资管理系统和工具，企业可以更加便捷地进行投资决策、资产配置和风险控制等工作，以提高投资管理的效率和准确性。

3. 营运资金管理

随着市场竞争的日益激烈，企业要想在市场中立于不败之地，除了拥有卓越的产品和服务外，高效的财务管理也显得至关重要。营运资金管理作为财务管理的核心组成部分，对企业的日常运营和长期发展具有深远的影响。

营运资金是指企业在日常生产经营活动中所需的流动资金。它涵盖了企业从采购原材料、生产产品、销售商品、回收货款等一系列环节中的资金流动。因此，营运资金管理的目标是确保这些资金流动的高效、安全和稳定，以支持企业的正常运营和持续发展。

在营运资金管理中，企业需要关注以下方面。

(1) 现金流量的预测与规划

现金流量是企业的生命线，充足的现金流量是企业正常运营的前提。

因此，企业需要定期进行现金流量的预测与规划，以确保资金在时间和空间上的合理分配。通过预测未来的收入与支出，企业可以提前做好资金调度，避免资金短缺或闲置的情况发生。

（2）应收账款的管理

应收账款是企业在销售商品或提供服务后，客户尚未支付的款项。应收账款的管理直接影响企业的资金回笼速度和运营效率。因此，企业需要建立完善的应收账款管理制度，包括定期与客户对账、催收欠款、建立信用评估机制等，以确保应收账款能够及时、完整地回收。

（3）存货的管理

存货是企业为了生产或销售而储备的物料和商品。存货过多会占用大量的资金，降低资金的使用效率；存货过少则可能影响生产和销售的正常进行。因此，企业需要通过科学的存货管理制度，合理确定存货的数量和品种，避免存货的积压和浪费现象发生。

（4）成本控制与预算管理

成本控制和预算管理是营运资金管理的重要手段。通过制订详细的预算计划，企业可以对各项费用进行严格的控制和监督，确保资金使用的合理性和有效性。同时，企业还需要定期对成本进行分析和评估，找出成本控制的薄弱环节，制定相应的改进措施。

营运资金管理在企业运营中发挥着举足轻重的作用。通过加强营运资金的管理，企业可以优化资金结构，提高资金使用效率，降低财务风险，为企业的稳定发展提供有力的保障。因此，企业应高度重视营运资金管理工作，不断提升财务管理水平，以适应日益激烈的市场竞争环境。

4.利润分配管理

在现代企业运营中，财务管理扮演着至关重要的角色。其中，利润分配管理作为财务管理的重要组成部分，直接关系企业的持续稳定发展和股东的利益保障。

首先，利润分配管理涉及企业利润的合理分配与利用。企业利润是企业运营成果的体现，如何合理、有效地进行利润分配，直接影响企业的长期发展。在财务管理中，利润分配管理需要遵循公平、合理、透明的原则，以确保股东、债权人、员工等各方利益得到保障。

其次，利润分配管理有助于优化企业资本结构。通过合理的利润分配，企业可以调整股东权益和负债比例，优化资本结构，降低财务风险。例如，企业可以通过增加留存收益，提高内部融资能力，减少对外融资需求，从而降低融资成本。同时，适当的利润分配还可以激发股东的投资热情，吸引更多投资者关注，以提升企业市场价值。

最后，利润分配管理有助于提升企业形象和信誉。一个注重利润分配管理的企业，往往能够给投资者、债权人等利益相关者留下良好的印象，来提升企业的信誉度。这种信誉度的提升有助于企业在融资、合作等方面获得更多的优势，为企业的发展创造更多机遇。

然而，在进行利润分配管理时，企业还需要注意平衡各方利益。一方面，要确保股东获得合理的投资回报，维护其利益；另一方面，也要关注企业的长远发展，确保利润分配不会对企业未来经营产生负面影响。因此，企业需要在充分考虑自身经营情况、市场环境等因素的基础上，制定合理的利润分配政策。

总之，财务管理在企业运营中的利润分配管理具有重要意义。通过合理的利润分配管理，企业可以优化资本结构、提升企业形象和信誉，为企业的持续发展创造有利条件。因此，企业应加强对利润分配管理的重视，不断完善相关制度和流程，确保利润分配管理能够在企业运营中发挥更大的作用。同时，企业还需要根据市场变化和企业发展情况，灵活调整利润分配政策，以适应不断变化的经营环境。

在未来的发展中，随着市场竞争的加剧和企业经营环境的复杂化，利润分配管理将成为企业财务管理的重要课题。企业需要不断探索和创新，寻求更加科学、合理的利润分配方式，以实现企业价值最大化，为股东、员工和社会创造更多价值。

(二) 财务预测与预算

财务预测与预算是财务管理的重要工具，它们能够帮助企业制订合理的经营计划和战略。财务预测通过对企业历史数据的分析和市场趋势的预测，为其提供未来的经营展望和风险提示。而预算则是将预测结果转化为具体的行动计划，为企业的资源配置和绩效考核提供依据。通过预算的编制和执行，企业能够更好地控制成本、提高收入，实现经营目标。

1.财务预测

随着全球经济竞争的日益激烈，财务管理已成为企业运营中的关键要素。其中，财务预测作为财务管理的重要组成部分，对企业的战略规划和日常运营都发挥着不可或缺的作用。

首先，我们需要理解财务预测的基本概念。财务预测是指基于历史财务数据、市场趋势、公司战略以及其他相关信息，运用一定的预测方法和模型，对企业未来的财务状况和经营成果进行估计和预测的过程。财务预测主要包括收入预测、成本预测、利润预测、现金流预测等方面。

财务预测在企业运营中的应用主要体现在以下方面。

（1）支持企业战略规划

财务预测能够帮助企业制定长期和短期的战略规划。通过对未来的收入、成本和利润进行预测，企业可以明确自身的盈利能力和发展潜力，从而确定合理的发展目标和战略方向。同时，财务预测还可以帮助企业评估不同战略方案的经济效果，为决策提供科学依据。

（2）合理配置资源

财务预测有助于企业合理配置资源，提高资源利用效率。通过对现金流的预测，企业可以了解未来的资金需求和来源，从而合理安排资金结构，降低资金成本。此外，财务预测还可以帮助企业优化库存管理、生产计划和销售策略，实现资源的最大化利用。

（3）加强风险管理

财务预测有助于企业识别和应对潜在的风险。通过对未来财务状况的预测，企业可以及时发现可能存在的问题和隐患，从而提前采取相应的措施进行防范和应对。例如，企业可以根据财务预测结果调整投资策略、控制成本开支或优化债务结构，以降低财务风险和经营风险。

（4）提高决策效率

财务预测为企业的决策提供了有力的数据支持。通过对未来的财务数据进行预测和分析，企业可以更加清晰地了解自身的经营状况和市场环境，为决策提供更为准确和科学的依据。这有助于提高决策效率，降低决策风险，确保企业稳健发展。

然而，财务预测也具有一定的局限性和挑战。由于市场环境的不断变化和企业内部因素的复杂性，财务预测结果往往存在一定的误差。因此，企业在应用财务预测时，需要充分考虑各种因素的影响，并结合实际情况进行灵活调整。

此外，企业还需要加强对财务预测人员的培训和管理，提高其专业素质和预测能力。同时，企业可以建立完善的财务预测制度和流程，以确保预测工作的规范化和有效性。

总之，财务预测在企业运营中占有举足轻重的地位。通过合理运用财务预测，企业可以更好地把握市场机遇，优化资源配置，加强风险管理，提高决策效率，从而实现稳健、可持续的发展。

2. 财务预算

财务管理是企业运营的核心环节，它不仅关系到企业的资金安全，还直接影响企业的经济效益和市场竞争力。在财务管理中，财务预算是一项至关重要的工作，它为企业提供了明确的目标和方向，有助于企业做出更为明智的决策。

财务预算是企业对未来一段时间内（如一个财政年度）的财务状况和经营成果进行的预测和规划。通过财务预算，企业可以对各项经济指标进行量化分析，从而制定出更为科学合理的经营策略。

财务预算在企业运营中的应用主要体现在以下方面。

（1）明确经营目标

在财务预算的制定过程中，企业需要根据市场需求、竞争状况以及自身实力等因素，确定未来的经营目标和指标。这些目标和指标既包括收入、利润等财务指标，也包括市场份额、客户满意度等非财务指标。通过财务预算，企业可以清晰地看到自身的优势和不足，从而有针对性地制定改进措施。

（2）优化资源配置

财务预算有助于企业合理分配资源，提高资源利用效率。在编制预算时，企业需要对各项费用进行细致分析和预测，以确保各项支出符合经营目标和实际需求。同时，企业还可以根据预算执行情况及时调整资源配置，避免出现资源浪费或短缺的情况。

（3）加强风险管理

财务预算有助于企业识别并应对潜在的经营风险。通过对未来财务状况进行预测，企业可以提前发现可能存在的风险点，如市场波动、成本上升等，从而制定相应的风险应对措施。此外，财务预算还可以帮助企业建立风险预警机制，及时发现并解决经营过程中出现的问题。

（4）提高决策效率

财务预算为企业决策提供了有力的支持。在制定重大经营决策时，企业可以参考财务预算中的数据和分析结果，从而做出更为科学、合理的决策。此外，财务预算还可以作为企业内部沟通的重要工具，帮助各部门之间更好地协调配合，共同推动企业的发展。

综上所述，财务预算在企业运营中占有举足轻重的地位。通过财务预算的制定和执行，企业可以明确经营目标、优化资源配置、加强风险管理并提高决策效率。因此，企业应当高度重视财务预算工作，不断提升财务预算的准确性和有效性，以推动企业实现持续稳健的发展。

（三）财务分析与决策

财务分析是财务管理的关键环节，它通过对财务报表的解读和比较，揭示企业的财务状况、经营成果和现金流量等信息。这些信息对于企业的决策至关重要。例如，通过财务分析，企业可以了解自身的盈利能力、偿债能力和运营效率，从而制定更加合理的投资策略、融资计划和成本控制措施。此外，财务分析还能够帮助企业发现潜在的问题和风险，为企业的战略调整提供有力支持。

1. 财务分析

随着全球化和市场经济的深入发展，财务管理在企业运营中的作用日益凸显。而财务分析作为财务管理的重要工具，其在企业决策、风险控制、绩效评估等方面发挥着至关重要的作用。

首先，财务分析有助于企业做出明智的决策。通过收集、整理和分析企业的财务数据，如资产负债表、利润表、现金流量表等，财务分析能够揭示企业的财务状况、经营成果和现金流量情况。这些信息对于企业决策者来说至关重要，能够帮助他们判断企业的经济实力、发展潜力以及可能面临的风险，从而制定出更为科学、合理的经营策略和投资决策。

其次，财务分析有助于企业控制风险。在市场竞争日益激烈的今天，企业面临着诸多内外部风险，如市场风险、信用风险、流动性风险等。财务分析可以通过对企业的各项财务指标进行监控和预警，及时发现企业潜在的风险，为企业制定风险应对措施提供依据。同时，财务分析还可以通过对历史数据的分析，找出企业在经营过程中存在的问题和不足之处，为改进管理、优化流程提供指导。

最后，财务分析在绩效评估方面也发挥着重要作用。通过对企业的各项财务指标进行横向和纵向的比较，财务分析可以客观地评价企业的经营成果和业绩水平。这有助于企业了解自身在市场中的竞争地位，为制定更为合理的绩效目标提供依据。同时，财务分析还可以为企业的激励机制提供数据支持，激发员工的积极性和创造力。

然而，财务分析并非万能的。在实际应用中，财务分析可能会受到多种因素的影响，如数据的质量、分析方法的选择以及分析人员的专业水平等。因此，企业在应用财务分析时，需要结合实际情况，综合考虑各种因素，确保分析的准确性和有效性。

总之，财务分析作为财务管理的重要工具，在企业运营过程中发挥着至关重要的作用。通过财务分析，企业可以更好地了解自身的财务状况和经营成果，为决策制定、风险控制和绩效评估提供有力支持。然而，企业在应用财务分析时，也需要注意其局限性和影响因素，以确保分析的准确性和有效性。随着科技的不断发展，财务分析方法和工具也在不断创新和完善，企业应积极跟进和应用新的技术和方法，以提升财务分析的质量和效率，为企业的可持续发展提供有力保障。

2. 财务决策

在当今的商业环境中，企业运营的成功与否往往取决于其财务管理的精细度和前瞻性。财务管理不仅涉及资金的筹集、分配和使用，更包括对企业整体经营活动的监控和规划。其中，财务决策更是财务管理的核心环节，它直接关系企业的经济效益和未来发展。

财务决策是指企业在进行投资、筹资、运营等经济活动时，根据市场环境、企业自身条件和发展目标，运用财务专业知识，对各种可行的方案进行比较分析，从而选择最优方案的过程。它贯穿企业的各个层面和环节，对于保障企业健康、稳定、持续发展具有重要意义。

首先，财务决策有助于优化企业资源配置。企业在运营过程中，需要不断投入人力、物力、财力等资源，以支持其业务发展和市场拓展。通过财务决策，企业可以对各项投资项目进行经济效益评估，确定资金的优先投向，从而实现资源的合理配置，提高资源使用效率。

其次，财务决策有助于降低企业财务风险。在市场竞争日益激烈的今天，企业面临着各种不确定性和风险。财务决策可以帮助企业提前识别和评估潜在的风险，通过制定风险应对措施，降低风险发生的概率和影响程度，从而保障企业的稳健运营。

最后，财务决策还有助于提升企业的竞争力。通过制定科学的财务决策，企业可以优化成本结构，提高盈利能力，进而在市场上获得更大的竞争优势。同时，财务决策还可以帮助企业把握市场机遇，及时调整战略方向，以适应不断变化的市场环境。

然而，要实现有效的财务决策并非易事。企业需要建立健全的财务管理制度，加强财务人员的专业培训，提高财务信息的准确性和透明度。同时，企业还应加强与外部环境的沟通与合作，积极寻求政策支持和市场机遇，为财务决策提供有力保障。

总之，财务管理在企业运营中发挥着举足轻重的作用，而财务决策则是财务管理的关键环节。通过科学的财务决策，企业可以优化资源配置、降低财务风险、提升竞争力，从而实现企业持续、稳定、健康地发展。因此，企业应高度重视财务管理和财务决策工作，不断提升财务管理水平，为企业的长远发展奠定坚实的基础。

（四）内部控制

内部控制是财务管理在保障企业资产安全、提高经营效率和确保财务报告准确性方面的重要手段。通过建立完善的内部控制体系，企业可以规范业务流程、明确职责权限、加强内部审计和监督，从而确保各项经济活动的合规性和有效性。内部控制还能够及时发现并纠正错误和舞弊行为，保护企业的声誉和利益。

1.应收账款控制

随着全球经济的不断发展，企业运营面临着前所未有的挑战与机遇。在这样的背景下，财务管理作为企业运营的核心环节，其作用越发凸显。其中，应收账款控制作为财务管理的重要组成部分，不仅影响着企业的资金流动，更直接关系企业的利润和长期发展。

应收账款是企业因销售商品或提供服务后应向客户收取的款项。有效的应收账款控制能够确保企业及时回收资金，提高资金周转率，降低坏账风险，从而为企业创造更大的经济效益。

首先，应收账款控制有助于企业提高资金周转率。在应收账款管理中，企业可以通过设定合理的信用政策、定期与客户对账、加大催收力度等手段，确保应收账款的及时回收。这样，企业便能更快地回收资金，提高资金利用效率，进而促进企业的运营和发展。

其次，应收账款控制有助于降低坏账风险。坏账风险是企业运营中不可避免的一部分，但通过有效的应收账款控制，企业可以最大限度地降低这种风险。例如，企业可以通过对客户进行信用评估，设定不同的信用额度，避免与信用状况较差的客户发生大额交易。此外，企业还可以通过定期分析应收账款的账龄，及时发现并处理潜在的坏账风险。

最后，应收账款控制有助于企业优化资源配置。通过对应收账款进行深入分析，企业可以了解不同客户、不同产品或不同服务的应收账款状况，从而调整销售策略、优化产品结构，实现资源的合理配置。这不仅能够提高企业的市场竞争力，还能为企业的长期发展奠定坚实基础。

然而，要实现有效的应收账款控制并非易事。企业需要建立完善的财务管理制度，明确各部门的职责和权限，确保各项控制措施得以有效执行。同时，企业还需加强财务人员的培训和教育，提高其专业素养和业务能力，以应对日益复杂的财务管理挑战。

总之，应收账款控制作为财务管理的重要组成部分，在企业运营中发挥着举足轻重的作用。通过加强应收账款控制，企业可以提高资金周转率、降低坏账风险、优化资源配置，从而实现其更加稳健和可持续的发展。因此，企业应高度重视应收账款控制工作，不断完善和优化相关制度和措施，为企业的长远发展奠定坚实基础。

2.存货控制

随着市场竞争的日益激烈，企业对运营效率和成本控制的要求也越来越高。财务管理作为企业管理的重要组成部分，在企业运营中发挥着至关重要的作用。其中，存货控制是财务管理中的一个关键环节，它直接关系企业的资金占用、成本控制以及运营效率。

（1）存货控制的重要性

存货是企业运营过程中不可或缺的一部分，它代表了企业为生产和销售而储备的物资。然而，存货过多或过少都会给企业带来负面影响。存货过多会占用企业大量资金，增加资金成本，同时也可能因市场变化导致存货积压，产生滞销风险；存货过少则可能导致生产中断，影响销售，损害企业声誉。因此，合理的存货控制对于企业运营至关重要。

（2）财务管理在存货控制中的应用

①制定合理的存货策略。财务管理部门应与企业其他部门密切合作，根据市场需求、生产能力和供应链情况等因素，制定合理的存货策略。这包括确定存货水平、采购计划和库存周转天数等关键指标，以确保存货数量既能满足生产和销售需求，又能避免资金占用过多。

②加强存货管理信息化建设。财务管理部门应积极加强存货管理信息化建设，采用先进的库存管理系统和技术手段，实现存货信息的实时更新和共享。这有助于企业及时掌握存货状况，做出准确的决策，提高存货管理效率。

③监控存货成本。财务管理部门应密切关注存货成本的变化，通过成本分析和核算，找出成本过高的原因，并制定相应的改进措施。同时，企业还可以通过与供应商协商、优化采购渠道等方式，降低存货成本，提高企业盈利能力。

④定期进行存货盘点和清查。财务管理部门应定期组织企业人员进行存货盘点和清查工作，确保存货数量、品种和状态与实际相符。这有助于及时发现和解决存货管理中的问题，防止因存货损失或误差给企业带来不必要的损失。

（3）存货控制的优化策略

第一，引入先进的库存管理技术。企业可以引入先进的库存管理技术，如实时库存监控、需求预测模型等，以提高企业存货控制的精准度和效率。这些技术有助于企业更好地预测市场需求，合理安排生产和采购计划，避免存货积压和缺货现象的发生。

第二，推行精益库存管理。精益库存管理强调在满足生产和销售需求的前提下，尽量减少库存水平，降低资金占用。企业可以通过优化生产流程、提高生产效率、缩短交货周期等方式，实现库存的精益化管理。

第三，加强供应链协同管理。企业应与供应商建立紧密的合作关系，实现供应链的协同管理。通过信息共享和沟通协作，企业可以更好地了解供应商的生产能力和供应情况，从而调整自身的存货策略，降低存货风险。

综上所述，财务管理在企业运营中发挥着举足轻重的作用，存货控制作为财务管理的重要组成部分，对提升企业竞争力具有重要意义。企业应充分利用财务管理的专业知识和技术手段，制定合理的存货策略，加强存货管理信息化建设，监控存货成本，并定期进行存货盘点和清查。同时，通过引入先进的库存管理技术、推行精益库存管理和加强供应链协同管理等策略，不断优化存货控制，实现企业的可持续发展。

3. 成本费用控制

在竞争激烈的市场环境中，企业要想生存和发展，不仅需要创新技术和业务模式，更需要精细化的管理，特别是财务管理。财务管理是企业运营的核心，而成本费用控制则是财务管理的重中之重。

成本费用控制是企业财务管理的重要组成部分，它涉及企业运营中的各个环节，从原材料采购、生产制造到销售服务，都需要进行有效的成本控制。通过科学的成本费用控制，企业可以优化资源配置，提升运营效率，降低成本，进而提升企业的竞争力。

在采购环节，企业可以通过合理的供应商选择、批量采购、长期合作等方式来降低采购成本。同时，企业还可以建立健全的采购管理制度，以确保采购流程的透明和公正，防止腐败和浪费现象发生。

在生产制造环节，企业可以通过优化生产流程、提高设备利用率、降低废品率等方式来降低生产成本。此外，企业还可以引入先进的生产管理系统，实现生产过程的数字化和智能化，提高其生产效率和质量。

在销售服务环节，企业可以通过精准的市场定位、有效的销售策略、优质的客户服务等方式来降低销售成本。同时，企业还可以通过客户关系管理，提高客户满意度和忠诚度，降低客户流失率，进而降低销售成本。

除了以上具体的成本控制措施之外，企业还需要建立一套完善的成本费用控制体系。这个体系应该包括成本预算、成本核算、成本分析、成本考核等环节，通过科学的预算制定和严格的考核监督，确保成本费用控制的有效实施。

此外，财务管理人员还需要不断学习和掌握新的财务管理理念和工具，如作业成本法、目标成本法等，以便更好地服务于企业的成本费用控制工作。

财务管理在企业运营中的应用广泛而深入，成本费用控制更是其中的关键环节。通过精细化的成本费用控制，企业可以在激烈的市场竞争中立于不败之地，实现持续、健康的发展。

4.投资筹资控制

财务管理作为企业运营的核心环节，其重要性不言而喻。在企业的日常运营中，财务管理不仅涉及资金的筹措与使用，还涉及企业的投资决策、成本控制以及风险管理等方面。特别是在投资筹资控制方面，财务管理的应用更是起到了至关重要的作用。

首先，我们来谈谈财务管理在投资方面的应用。投资是企业实现利润增长、扩大规模的重要手段。而财务管理在投资过程中则起到了关键的决策支持作用。通过对市场环境的深入分析，以及对投资项目的财务评估，财务管理人员能够为企业决策者提供科学、合理的投资建议。同时，财务管理还能够协助企业建立完善的投资决策流程，确保投资决策的合规性和风险控制。

其次，在筹资方面，财务管理同样发挥着重要的作用。筹资是企业运营过程中不可或缺的一环，涉及资金的筹措、使用以及偿还等方面。财务管理人员需要根据企业的实际情况，制定合理的筹资策略，以确保企业运营所需的资金能够及时、足额地筹集到位。同时，财务管理还需要对筹资成本进行有效控制，降低企业的财务负担。

最后，财务管理在投资筹资控制方面还需要关注资金的流动性和安全性。资金是企业运营的血液，其流动性和安全性直接关系企业的生存和发展。因此，财务管理人员需要密切关注企业的资金状况，确保资金能够合理、高效地运转。同时，财务管理还需要加强对资金使用的监管，防止资金被滥用或流失。

财务管理在企业运营中的应用是广泛而深入的。在投资、筹资控制方面，财务管理通过科学的决策支持、有效的成本控制以及严格的资金监管等手段，为企业提供了坚实的财务保障。然而，我们也应该意识到，财务管理并非一劳永逸的工作，它需要不断地学习和创新，以适应不断变化的市场环境和企业需求。因此，我们应该加强财务管理人员的培训和教育，提高他们的专业素养和综合能力，以便更好地服务于企业的运营和发展。

同时，企业也应该建立完善的财务管理体系，包括财务决策机制、内部控制体系以及风险管理机制等。这些机制能够为财务管理提供有力的制度保障，确保财务管理的有效性和合规性。此外，企业还可以借助现代科技手段，如大数据、人工智能等，以提升财务管理的效率和精度，为企业的发展注入新的动力。

总之，财务管理在企业运营中的应用占有举足轻重的地位。我们应该充分认识到财务管理的重要性，加强对其的研究和实践，以推动企业的持续、稳健发展。

三、企业运营中财务管理的作用

财务管理在企业运营中占据着举足轻重的地位，它不仅关系企业的经济效益，更直接影响着企业的长远发展和市场竞争力。在企业运营的各个环节中，财务管理发挥着多种作用，包括为企业运营提供合理化建议、维护企业运营环境以及促进企业管理的发展。

（一）为企业运营提供合理化建议

在现代企业运营中，财务管理作为核心职能之一，发挥着举足轻重的作用。财务管理不仅关乎企业的经济效益，更关乎企业的长远发展。下面将从多个维度探讨，财务管理如何为企业运营提供合理化建议，从而推动企业健康、稳定地向前发展。

1. 资金筹划与配置

财务管理通过对企业资金的筹划与配置，确保企业在不同发展阶段都有充足的资金支持。这包括制订合理的预算计划，优化资金结构，降低资金成本等。通过财务管理，企业可以更加清晰地了解自身的资金状况，为投资决策、运营活动提供有力支持。

2. 风险识别与防范

财务管理具备风险识别与防范的能力，通过对企业内外部环境的分析，可以及时发现潜在风险，并提出相应的防范措施。例如，通过制定财务风险预警机制，及时监控企业的财务状况，一旦发现异常指标，便可迅速采取相应的措施进行干预，从而避免风险扩大化。

3. 成本控制与效益提升

财务管理在成本控制方面发挥着关键作用。通过对企业各项成本进行深入分析，财务管理可以帮助企业找到成本控制的切入点，并提出合理的成本控制措施。同时，财务管理还可以通过优化资源配置、提高资产利用效率等方式，实现企业效益的提升。

4. 决策支持与战略规划

财务管理为企业决策提供了重要的数据支持。通过对财务报表、财务指标等信息的分析，财务管理可以为企业提供有关盈利能力、偿债能力、运营效率等方面的信息，帮助企业决策者做出更加明智的决策。此外，财务管理还可以参与企业的战略规划，为企业的长远发展提供有力保障。

5. 合规管理与信誉建设

财务管理在企业的合规管理与信誉建设方面也发挥着重要作用。随着市场竞争的加剧，企业面临着越来越多的法规和政策约束。财务管理通过确保企业财务活动的合规性，避免企业因违规行为而引发的法律风险。同时，良好的财务管理有助于塑造企业的良好形象，提升企业的信誉度，进而增强企业在市场中的竞争力。

6. 业绩评估与激励机制

财务管理通过制定业绩评估体系，为企业提供了一套科学、合理的业绩考核方法。通过对企业各部门、各岗位的业绩进行量化评估，财务管理可以为企业决策者提供客观、公正的业绩信息，为企业制定激励政策提供依据。这有助于激发员工的工作积极性，提高企业的整体运营效率。

总之，财务管理在企业运营中发挥着举足轻重的作用。通过资金筹划与配置、风险识别与防范、成本控制与效益提升、决策支持与战略规划、合规管理与信誉建设以及业绩评估与激励机制等多方面的努力，财务管理能够为企业运营提供合理化建议，推动企业实现健康、稳定的发展。因此，企业应当高度重视财务管理，加强财务管理队伍的建设，提升财务管理水平，以应对日益复杂且多变的市场环境。

(二) 维护企业运营环境

财务管理，作为企业运营的核心环节，对于维护企业运营环境具有不可替代的作用。在一个多变且竞争激烈的市场环境中，有效的财务管理能够确保企业稳健运行，为企业的发展提供有力保障。

首先，财务管理有助于确保企业资金的安全与稳定。资金是企业运营的血脉，而财务管理则是调控资金流动的关键。通过对资金的严格监控和合理调配，财务管理能够确保企业资金的充足性，避免因资金短缺而引发的运营风险。同时，财务管理还能够优化资金结构，降低资金成本，提高企业整体经济效益。

其次，财务管理有助于企业制定科学的经营决策。经营决策是企业运营过程中的重要环节，而财务管理则为决策提供了重要的数据支持和参考依据。通过对企业财务报表的分析，财务管理能够揭示企业的经营状况、盈利能力以及风险水平，为决策者提供客观、全面的信息。在此基础上，企业可以制定出更加科学、合理的经营策略，以提高企业的竞争力和市场份额。

再次，财务管理还有助于企业加强内部控制和风险管理。内部控制是企业运营的基石，而财务管理则是内部控制的重要组成部分。通过建立完善的财务管理制度，企业可以规范财务操作流程，防止财务舞弊和违规行为的发生。同时，财务管理还能够识别和评估企业面临的各种风险，为企业制定风险应对策略提供有力支持。

最后，财务管理有助于提升企业的价值。企业的价值不仅体现在其盈利能力上，还体现在其资产质量、成长潜力以及管理水平等方面。财务管理能够通过对企业资源的优化配置和有效利用，提高企业的资产质量和盈利能力，进而提升企业的整体价值。

财务管理在维护企业运营环境方面具有不可替代的作用。企业应当高度重视财务管理工作，加强财务人员的培训和教育，提高财务管理的专业化和精细化水平，为企业的发展提供坚实的财务保障。同时，企业还应当不断完善财务管理制度，强化其内部控制和风险管理，确保企业运营的稳健性和可持续性。只有这样，企业才能在激烈的市场竞争中立于不败之地，实现持续、健康的发展。

(三) 促进企业管理的发展

在快速发展的商业环境中，企业管理不仅涉及生产、销售、人力资源等方面，而财务管理更是其中不可或缺的一环。财务管理以其精细、系统和前瞻性的特性，为企业的稳健发展提供了强大的支撑和推动力。下面将深入探讨财务管理在促进企业管理发展中所起的关键作用。

首先，财务管理有助于企业实现资源的优化配置。资金是企业运行的血液，而财务管理则是资金流动的调控者。通过对企业各项经济活动的严格核算和精准分析，财务管理能够揭示企业资源使用的效率和效益，从而为企业决策者提供有力的数据支持，帮助他们更加精准地进行资源配置和调度。这不仅有助于降低企业的运营成本，提高经济效益，更有助于企业实现长期、稳定的发展。

其次，财务管理有助于提升企业的风险防控能力。在商界中，风险与机遇并存。财务管理通过建立健全的风险预警机制和内部控制体系，能够及时发现并应对企业各种潜在的经济风险。同时，财务管理还能够通过合理的资金调度和风险管理策略，减轻企业面临的财务压力，增强企业的抗风险能力。这种风险防控能力的提升，不仅有助于保障企业的经济安全，更有助于企业在激烈的市场竞争中立于不败之地。

再次，财务管理还有助于推动企业的创新和发展。在知识经济时代，创新是企业发展的重要驱动力。财务管理通过为企业的研发、技术创新等活动提供资金支持和财务规划，能够推动企业不断开拓新的业务领域，提升企业的核心竞争力。同时，财务管理还能够通过对市场趋势的深入分析和预测，为企业决策者提供有价值的战略建议，帮助企业把握市场机遇，实现跨越式发展。

最后，财务管理还能够促进企业的规范化管理和文化建设。财务管理作为企业管理的重要组成部分，其规范化和标准化的操作不仅能够提高企业的运营效率，更能够推动企业整体管理水平的提升。同时，财务管理所倡导的诚信、透明和负责任的价值观，也能够渗透企业的各个层面，形成积极向上的企业文化氛围。这种文化氛围不仅能够激发员工的工作热情和创造力，更能够增强企业的凝聚力和向心力，为企业的长远发展奠定坚实的基础。

财务管理在促进企业管理发展中扮演着举足轻重的角色。通过实现资源的优化配置、提升风险防控能力、推动创新发展和促进规范化管理等方式，财务管理为企业的发展提供了坚实的支撑和强大的动力。因此，企业应当高度重视财务管理工作，不断提升财务管理的专业化和精细化水平，以推动企业的持续、健康、稳定发展。

第二节　会计核算在企业运营中的重要性

一、会计核算是提升会计信息价值的利器

在当今这个信息爆炸的时代，会计信息作为反映企业经济活动的重要载体，其准确性和价值性对于企业的决策和发展具有至关重要的作用。而会计核算作为会计信息的生成和加工过程，其严谨性和规范性对于提升会计信息价值具有不可忽视的作用。

会计核算通过确保会计信息的准确性，提升了会计信息的价值。会计核算是企业经济活动的真实反映，通过科学、规范地记录每一笔经济交易状况，确保了会计信息的真实性、完整性和及时性。这不仅为企业的内部决策提供了可靠的数据支持，还有助于企业更好地应对外部环境的挑战，提升了企业的市场竞争力。

会计核算有助于揭示企业的财务状况和经营成果，从而提升了会计信息的价值。通过会计核算，企业可以清晰地了解到自身的资产、负债、所有者权益以及收入、费用等财务状况和经营成果。这些信息不仅有助于企业评估自身的经济实力和盈利能力，还有助于企业发现潜在的风险和问题，为企业的未来发展提供有力的保障。

会计核算还有助于提升会计信息的可比性和可理解性，进一步提升了

其价值。通过遵循统一的会计准则和制度，会计核算确保了不同企业之间的会计信息具有可比性，使得投资者、债权人等利益相关者能够更好地了解企业的经营状况和发展前景。同时，会计核算还注重会计信息的清晰性和易懂性，使得非专业人士也能够理解和利用这些信息，扩大了会计信息的使用范围和影响力。

会计核算作为提升会计信息价值的重要手段，在企业的经营管理中占有不可或缺的地位。未来，随着企业会计制度的不断完善和会计信息化水平的提高，会计核算的作用将更加明显，会计信息的价值也将得到进一步提升。因此，企业应高度重视会计核算工作，加强会计核算人员的培训和管理，确保会计核算的准确性和规范性，为企业的健康发展提供有力的支持。

二、会计核算是提升企业决策科学性的关键所在

在现代企业运营中，决策的科学性直接关系企业的生存和发展。而会计核算作为企业管理的重要组成部分，对于提升决策的科学性具有不可替代的作用。

首先，会计核算能够提供准确、全面的财务信息。企业决策需要基于真实、可靠的数据进行分析和判断。会计核算通过规范的记账、报表编制等流程，确保财务信息的准确性和完整性。这使得企业决策者能够充分了解企业的财务状况、经营成果和现金流量，为制定科学合理的决策提供有力支持。

其次，会计核算有助于揭示企业的运营风险。通过对各项财务指标的分析和比较，会计核算能够及时发现企业运营中潜在的风险和问题。例如，通过对比不同时期的财务数据，可以识别出成本控制、应收账款管理等方面的不足；通过对比同行业数据，可以评估企业在市场中的竞争地位和发展趋势。这些信息的揭示有助于企业决策者及时采取措施，防范和化解风险，确保企业的稳定发展。

再次，会计核算还能为企业决策者提供预测和规划的依据。通过对历史财务数据的分析，可以预测企业未来的发展趋势和盈利状况；通过对预算和计划的编制，可以规划企业的资源配置和投资方向。这些预测和规划的信息，有助于企业决策者制定更具前瞻性和可操作性的决策，提高企业的竞争力和市场占有率。

最后，会计核算还有助于加强企业内部管理和控制。通过建立完善的会计制度和内部控制体系，可以规范企业的财务行为，防止财务舞弊和违规操作现象的发生。这不仅能够保护企业的财产安全，还能够提高员工的工作效率和责任感，为企业的稳定发展提供有力保障。

会计核算在提升企业决策的科学性方面发挥着重要作用。通过提供准确全面的财务信息、揭示运营风险、提供预测和规划依据以及加强内部管理和控制，会计核算为企业决策者提供了有力的支持和保障。因此，企业应当高度重视会计核算工作，加强会计核算人员的培训和管理，确保会计核算的准确性和可靠性，为企业的科学决策提供坚实的基础。

三、会计核算是增强预算控制力的重要手段

在当今的经济环境中，预算控制是实现其战略目标、提高经济效益和降低风险的重要手段。而会计核算作为财务管理的基础工作，其在增强预算控制力方面扮演着举足轻重的角色。下面将从多个角度探讨会计核算如何有利于增强预算控制力。

首先，会计核算提供了预算控制所需的基础数据。预算控制的核心在于对各项经济活动的合理规划和有效监督，而这一切都离不开准确、全面的财务数据支持。会计核算通过记录、分类、汇总和报告企业的经济业务，为预算控制提供了翔实、可靠的数据基础。这些数据不仅有助于企业制订符合实际情况的预算方案，还能为预算执行的监控和评估提供有力支持。

其次，会计核算有助于实现预算控制的目标。预算控制的主要目标是确保企业在经济活动中能够合理分配资源、控制成本、提高效益。会计核算通过严格的成本计算、收入确认和利润分析，能够帮助企业识别经济活动中的成本驱动因素和利润增长点，从而有针对性地制定预算控制措施。同时，会计核算还能及时揭示预算执行过程中的偏差和问题，为企业调整预算方案、优化资源配置提供决策依据。

再次，会计核算还有利于提高预算控制的效率。随着信息化技术的发展，会计核算工作逐渐实现了自动化和智能化。通过运用现代财务软件和数据分析工具，会计核算能够快速、准确地处理大量财务数据，为预算控制提供实时、高效的信息支持。这不仅有助于企业提高预算控制工作的效率和质

量，还能降低因人为因素引发的错误和舞弊风险。

最后，会计核算还能促进预算控制的持续改进。通过对历史财务数据的分析和比较，会计核算能够揭示企业在预算控制方面存在的问题和不足之处，为改进预算控制方法、完善预算控制制度提供有力支持。同时，会计核算还能为企业制定更加科学、合理的预算控制策略提供数据支持，推动预算控制工作的持续改进和优化。

会计核算在增强预算控制力方面具有重要作用。通过提供基础数据、实现预算控制目标、提高预算控制效率以及促进预算控制的持续改进，会计核算为企业实现经济效益最大化、降低风险提供了有力保障。因此，企业应重视会计核算工作，加强会计核算与预算控制的有机结合，以更好地发挥会计核算在预算控制中的积极作用。

四、会计核算是企业运营的精准数据支持基石

在当今高度信息化的商界中，会计核算不仅是企业日常运营的必要环节，更是其决策和战略规划的重要数据支持。会计核算的精确性、全面性和时效性，直接关系企业能否在激烈的市场竞争中立于不败之地。

会计核算通过记录和分类企业的各项交易活动，为企业提供了详细且准确的财务数据。这些数据不仅反映了企业的财务状况和经营成果，还揭示了企业运营过程中存在的各种问题和风险。因此，企业可以依据这些数据，进行深入分析和挖掘，找出优化运营、提升效率的关键点。

会计核算的精准性对于企业的决策至关重要。在复杂的商业环境中，企业需要依据可靠的数据来制定战略、评估风险和做出决策。如果会计核算的数据存在误差或遗漏，那么企业的决策就可能偏离实际，引发不必要的损失。因此，通过会计核算提供精准的数据支持，有助于企业做出更为明智和有效的决策。

此外，会计核算还能帮助企业实现财务管理的高效化。通过对财务数据进行系统化的记录、分类和处理，会计核算能够将复杂的财务数据转化为易于理解和分析的信息。这不仅提高了财务管理的效率，还为企业的战略规划提供了有力的数据支持。

然而，要实现会计核算的精准数据支持，企业需要投入足够的人力和

物力资源，建立健全的会计核算制度和流程，并不断提升会计人员的专业素养和技能水平。同时，企业还需要借助现代化的信息技术手段，如云计算、大数据和人工智能等，提高会计核算的自动化和智能化水平，进一步提升数据的准确性和时效性。

会计核算作为企业运营的精准数据支持基石，在企业的日常运营和战略发展中发挥着不可或缺的作用。通过不断提升会计核算的精准性和效率性，企业可以更好地把握市场动态和竞争态势，实现可持续发展。

在未来的商业环境中，会计核算将继续发挥着越来越重要的作用。随着科技的进步和商业模式的创新，会计核算也需要不断适应新的变化和挑战。例如，随着数字货币和区块链技术的普及，会计核算需要考虑这些新兴技术对企业财务数据的影响和挑战。因此，企业需要保持敏锐的市场洞察力和创新精神，不断优化和完善会计核算体系，以应对未来的商业变革。

总之，会计核算为企业运营提供了精准的数据支持，是企业决策和战略规划的重要依据。企业应充分认识到会计核算的重要性，投入足够的资源来加强会计核算的建设和管理，不断提升会计核算的精准性和效率性，为企业的可持续发展提供有力的保障。

五、会计核算有助于企业规范内部管理

在当今这个快速变化的商业环境中，企业面临着日益复杂和多样的挑战。为了应对这些挑战并实现持续发展，企业需要一种科学、系统和有效的内部管理工具，以确保其各项经营活动得以高效、有序地进行。而会计核算正是这样一种重要的工具，它有助于企业规范内部管理，提升运营效率，增强竞争力。

会计核算是一种对企业经济活动进行记录、分类、计量、汇总和报告的系统方法。通过会计核算，企业能够清晰地掌握其财务状况和经营成果，从而作出更为明智的决策。更重要的是，会计核算在规范企业内部管理方面发挥着不可或缺的作用。

会计核算有助于规范企业的财务管理。通过对企业的资金流入和流出状况进行准确的核算和记录，企业可以更加精确地控制成本、优化资源配置，确保资金的合理使用。同时，会计核算还可以帮助企业及时发现和解决

财务问题，降低财务风险，为企业的稳健发展提供有力保障。

会计核算有助于提升企业的决策水平。通过对历史数据的分析和对比，会计核算可以为企业提供丰富的信息和数据支持，帮助企业识别市场趋势、预测未来发展趋势，为企业的战略规划和决策提供有力支持。此外，会计核算还可以帮助企业评估各项投资项目的风险和收益，为企业的投资决策提供科学依据。

会计核算有助于加强企业的内部控制。通过建立健全的会计核算制度，企业可以规范各项业务流程和操作规范，确保各部门之间的协同合作和信息共享。同时，会计核算还可以加强对企业内部的监督和制约，防止企业内部出现贪污腐败、挪用公款等不法行为，维护企业的声誉和形象。

会计核算还有助于提高企业的透明度和公信力。通过及时、准确地披露企业的财务状况和经营成果，会计核算可以增强投资者、债权人等利益相关方对企业的信任和支持，为企业树立良好的社会形象，提升企业的市场地位。

会计核算在规范企业内部管理方面发挥着重要作用。通过加强会计核算工作，企业可以优化财务管理、提升决策水平、加强内部控制，并提高企业的透明度和公信力。这将有助于企业实现高效、有序的内部管理，提升运营效率，增强竞争力，为企业的可持续发展奠定坚实基础。因此，企业应高度重视会计核算工作，不断完善和优化会计核算制度，以适应不断变化的市场环境和业务需求。

六、会计核算：提升企业市场竞争力的得力助手

在当今激烈的市场竞争中，企业要想立于不败之地，就必须拥有高效的运营管理和精准的决策支持。而会计核算作为企业管理的重要组成部分，正以其独特的优势助力企业提升市场竞争力。

会计核算通过准确记录企业的经济活动，为企业提供了全面的财务信息。这些信息不仅有助于企业了解自身的财务状况和经营成果，还能帮助企业识别潜在的风险和机遇。通过深入分析财务数据，企业可以更加清晰地认识到自身的优势和不足，从而有针对性地制订战略计划和经营策略。

会计核算有助于企业加强内部控制，提高运营效率。通过规范会计核

算流程，企业可以确保各项经济活动的合规性和准确性，以减少错误和舞弊的可能性。同时，会计核算还能帮助企业优化资源配置，提高资产使用效率，降低成本支出，从而提升企业的整体盈利能力。

此外，会计核算还能为企业提供有力的决策支持。在做出重大经营决策时，企业往往需要充分考虑财务因素。通过会计核算提供的财务数据和指标，企业可以对不同方案进行量化分析和比较，选择最有利于企业发展的方案。这种基于数据的决策方式有助于降低决策风险，提高决策质量。

值得一提的是，随着信息化技术的发展，会计核算的效率和准确性得到了进一步提升。通过采用先进的会计软件和系统，企业可以实现实时数据采集、处理和分析，为管理者提供更加及时、准确的财务信息。这有助于企业更好地把握市场机遇，应对挑战，提升市场竞争力。

会计核算在提升企业市场竞争力方面发挥着不可替代的作用。通过提供全面的财务信息、加强内部控制、优化资源配置以及提供有力的决策支持，会计核算为企业创造了更多的价值和发展空间。因此，企业应当高度重视会计核算工作，不断提升会计核算水平，以促进企业的长远发展。

综上所述，会计核算在企业运行中发挥着至关重要的作用。企业应高度重视会计核算工作，加强会计核算人员的培训和管理，提高会计核算的准确性和可靠性，为企业的持续健康发展提供有力保障。

第二章　财务管理体系及其优化路径

第一节　财务管理体系的定义与功能

一、财务管理体系的定义

财务管理体系，顾名思义，是指企业或组织在财务管理过程中所形成的一系列相互关联、相互作用的制度、流程和方法的集合体。它是企业运营的重要组成部分，旨在确保企业资金的有效筹集、使用、分配和监控，以实现企业的战略目标，并最大限度地提升企业的经济效益。

二、财务管理体系的功能

财务管理体系是现代企业管理中不可或缺的一部分，它涵盖了企业资金筹措、运营、分配和监控的全过程，是确保企业健康、稳定、持续发展的重要保障。下面将探讨财务管理体系的功能及其在现代企业中的重要作用。

（一）资金筹措功能

在现代企业管理中，财务管理体系无疑是企业运营的核心之一。财务管理体系涵盖了资金筹措、投资决策、利润分配以及成本控制等方面，其中资金筹措功能尤为关键。资金筹措功能不仅关乎企业的生存与发展，更是企业实现战略目标、扩大经营规模、优化资源配置的重要手段。

资金筹措功能主要体现在为企业运营提供充足的资金来源。企业的发展需要不断投入资金，以支持新产品的研发、市场拓展、生产线升级等各方面的活动。资金筹措功能通过各种融资渠道，如银行贷款、发行债券、股票融资、租赁融资等，帮助企业获得所需资金，以满足企业的日常经营和长远发展的需求。

资金筹措功能还有助于优化企业的资本结构。资本结构是指企业各种资金来源的构成及其比例关系。合理的资本结构可以降低企业的财务风险，提高企业的偿债能力和盈利能力。资金筹措功能通过合理搭配各种融资方式，调整企业的债务和股权比例，实现资本结构的优化，从而提高企业的整体竞争力。

此外，资金筹措功能还能降低企业的融资成本。融资成本是企业为筹集资金而支付的费用，包括利息、手续费等。资金筹措功能通过选择合适的融资渠道和融资方式，以及有效的谈判和协商，来降低企业的融资成本，提高企业的经济效益。

然而，资金筹措功能并非易事。企业在筹措资金时，需要充分考虑自身的经营状况、市场环境、融资条件等因素，制定合理的融资策略。同时，企业还需要加强财务管理，提高资金使用效率，确保资金的安全和有效使用。

总之，资金筹措功能是财务管理体系的重要组成部分，对于企业的生存和发展具有举足轻重的作用。企业需要不断优化财务管理体系，充分发挥资金筹措功能的作用，以推动企业的持续发展。

（二）资金的运营与配置

财务管理体系是现代企业管理的重要组成部分，它涵盖了企业资金运营与配置的各个方面，旨在实现资金的高效利用和最大化价值。下面将详细探讨财务管理体系在资金运营与配置方面的功能及其重要性。

1. 资金运营的功能

资金运营是财务管理体系的核心功能之一，它涉及企业资金的筹集、使用、调度和监控等方面。通过有效的资金运营，企业可以确保资金流的稳定，以满足日常经营和发展的需要。

（1）资金筹集：财务管理体系通过制定合理的筹资策略，利用内部积累、外部借款、发行股票等方式筹集所需资金，确保企业正常运作和发展所需的资金支持。

（2）资金使用：在资金使用方面，财务管理体系需要对各项投资、经营活动进行资金预算和分配，确保资金能够按照既定的目标和计划进行使用，避免资金的浪费和滥用。

（3）资金调度：财务管理体系还需要根据企业实际情况和市场环境，灵活调整资金结构，优化资金配置，提高资金使用效率。这包括合理调整现金持有量、应收账款和存货水平等，以保持企业资金具有良好的流动性。

（4）资金监控：通过对资金流的实时监控和分析，财务管理体系可以及时发现和解决资金运营中存在的问题，确保资金的安全性和合规性。

2. 资金配置的功能

资金配置是财务管理体系的另一个重要功能，它涉及企业资金在不同业务、项目、部门之间的分配和安排。通过合理的资金配置，企业可以实现资源的优化利用，提高整体经济效益。

（1）战略投资：财务管理体系需要根据企业的战略目标和市场环境，对投资项目进行筛选和评估，确定投资规模和方向。通过合理配置资金，企业可以支持关键业务的发展，提升核心竞争力。

（2）风险管理：在资金配置过程中，财务管理体系还需要关注风险管理。通过对不同业务、项目的风险进行评估和监控，企业可以制定相应的风险应对措施，降低潜在风险。

（3）绩效评估：财务管理体系还需要对资金配置的效果进行绩效评估。通过对各项投资、经营活动的收益、成本等指标进行分析和比较，企业可以了解资金配置的效果，为未来的资金运营和配置提供有益的参考。

（三）利润分配功能

财务管理体系是现代企业管理的重要组成部分，涵盖了诸如资金筹措、投资决策、成本控制、财务分析以及利润分配等多个关键功能。其中，利润分配功能尤为关键，它不仅是企业财务管理的重要环节，也是企业实现可持续发展和股东利益最大化的重要手段。

利润分配，顾名思义，是指企业根据经营成果，在扣除各项税费和提取必要的公积金后，将剩余利润按照一定规则和标准分配给投资者（股东）的过程。这个过程体现了企业的收益分配政策和战略，直接影响到股东的利益和企业的长远发展。

那么，财务管理体系的利润分配功能具体体现在哪些方面呢？

1. 公平合理的利润分配

财务管理体系通过制定公平合理的利润分配政策，确保股东按其持股比例获得相应的收益。这既是对股东投资的回报，也是对企业经营成果的认可。同时，公平合理的利润分配能够激发股东的投资热情，增强企业的融资能力，为企业的发展提供稳定的资金支持。

2. 促进企业长期发展

在利润分配过程中，财务管理体系会充分考虑企业的长期发展需求。通过提取一定比例的公积金，用于扩大再生产、技术升级和市场开拓等方面，以增强企业的竞争力和市场地位。同时，适度控制利润分配规模，避免过度消耗企业资源，确保企业在未来能够持续稳健地发展。

3. 优化股东结构

通过调整利润分配政策，财务管理体系可以影响股东的持股结构和投资行为。例如，对于高成长性企业，可以采用较高的留存收益比例，吸引那些注重企业长期发展的投资者；而对于成熟稳定的企业，则可以适当提高分红比例，吸引那些追求稳定收益的投资者。这样，财务管理体系可以优化企业的股东结构，提高公司治理水平。

4. 提升企业形象和信誉

一个公平、透明且可持续的利润分配政策能够提升企业的形象和信誉，增强投资者、客户和合作伙伴的信任和合作意愿。这样的企业形象有助于企业在市场上树立良好的口碑，吸引更多的优秀人才和优质资源，进一步推动企业的发展。

然而，财务管理体系在发挥利润分配功能时，也需要注意一些问题。例如，要避免过度分配利润导致企业资金链紧张，影响企业的正常运营和发展；同时，也要防止企业利润分配不公，损害股东利益，引发企业内部矛盾。

财务管理体系的利润分配功能在企业管理中发挥着至关重要的作用。它不仅能够公平合理地分配企业利润，保障股东利益，还能够促进企业长期发展、优化股东结构以及提升企业形象和信誉。因此，企业应高度重视财务管理体系的利润分配功能，不断完善和优化相关政策和制度，以实现企业的可持续发展和股东利益最大化。

(四) 风险监控与预警

财务管理体系是现代企业管理中不可或缺的一部分，它涵盖了企业资金运作的各个方面，旨在确保企业资金的安全、高效和合规使用。其中，风险监控与预警功能是财务管理体系的重要组成部分，对于企业的稳定发展具有重要意义。

风险监控是财务管理体系的核心功能之一。它通过对企业各项财务活动进行实时监控，及时发现潜在的风险因素，并采取相应的措施进行防范和应对。在风险监控的过程中，财务管理人员需要密切关注市场变化、政策调整以及企业内部运营状况等方面，确保企业能够及时发现并应对各种风险。

预警功能是风险监控的延伸和深化。财务管理体系通过建立科学的预警机制，对潜在风险进行量化评估，并根据设定的阈值发出预警信号。这些预警信号可以帮助企业及时采取措施，避免风险进一步扩大或转化为实际损失。预警功能还可以帮助企业提前规划好应对策略，确保在风险发生时能够迅速响应，降低风险对企业的影响。

风险监控与预警功能在财务管理体系中的应用非常广泛。例如，在资金管理方面，财务管理体系可以通过对资金流动进行实时监控和预警，确保企业资金的安全和合规使用；在投资决策方面，财务管理体系可以通过对投资项目进行风险评估和预警，帮助企业选择低风险、高回报的投资项目；在成本控制方面，财务管理体系可以通过对成本变动进行监控和预警，帮助企业及时发现并控制成本超支的风险。

然而，要充分发挥财务管理体系的风险监控与预警功能，还需要注意以下几点。首先，财务管理人员需要不断提高自身的专业素养和增强自身的风险意识，以便更准确地识别和评估风险。其次，企业需要建立完善的财务管理制度和流程，确保各项财务活动都能够得到规范和有效的管理。最后，企业还需要加强内部沟通和协作，确保各部门之间能够共享风险信息，合力应对风险。

总之，财务管理体系的风险监控与预警功能对于企业的稳定发展具有重要意义。通过科学的风险监控和预警机制，企业可以更好地识别、评估和控制潜在风险，降低风险对企业的影响，为企业的发展提供有力的保障。因此，企业应该重视财务管理体系的建设和完善，不断提高其风险监控与预警功能的有效性和准确性。

(五) 决策支持功能

财务管理体系是现代企业管理中的核心组成部分，它涵盖了资金筹集、运用、分配等各个环节，为企业的稳健发展提供了坚实的财务保障。其中，决策支持功能是财务管理体系的重要一环，它能够帮助企业在复杂的经济环境中做出科学、合理的财务决策，从而推动企业的可持续发展。

1. 提供全面、准确的财务信息

财务管理体系通过日常核算、报表编制、财务分析等手段，为企业提供了全面、准确的财务信息。这些信息包括企业的资产状况、经营成果、现金流量等方面，能够清晰地反映企业的财务状况和经营绩效。决策者可以依据这些信息进行深入的分析和研究，为企业的战略规划和经营决策提供有力的数据支持。

2. 辅助制定财务策略

财务管理体系不仅能够提供财务信息，还能够根据企业的发展目标和市场环境，辅助制定财务策略。例如，在筹资决策中，财务管理体系可以帮助企业分析各种筹资方式的成本和风险，以选择最优的筹资方案；在投资决策中，财务管理体系可以通过对投资项目的财务评价，为企业的投资决策提供科学依据。

3. 风险预警与防控

财务管理体系还具有风险预警与防控的功能。通过对财务数据的监测和分析，财务管理体系能够及时发现企业所面临的财务风险，如资金链断裂、偿债能力不足等，并向决策者发出预警信号。同时，财务管理体系还可以提供风险防控的建议和措施，帮助企业有效应对风险，保障企业的稳健运营。

4. 优化资源配置

财务管理体系通过财务分析、预算控制等手段，可以优化企业的资源配置。通过对各项资源的财务评价，财务管理体系可以帮助企业避免资源的利用效率低下或浪费现象发生，并提出改进建议。这有助于企业提高资源利用效率，降低成本，增强竞争力。

5. 支持企业决策制定

财务管理体系的决策支持功能还体现在其对企业决策制定的支持上。无论是关于产品定价、市场拓展、成本控制还是关于投资策略等方面的决策，都需要财务数据的支撑和财务分析的指导。财务管理体系能够为企业提供财务数据和分析结果，帮助决策者更好地权衡利弊，制定出符合企业战略目标和市场环境的决策。

6. 提升决策效率和效果

财务管理体系的信息化和智能化水平不断提升，使得决策支持功能更加高效和精准。通过利用先进的财务管理软件和信息系统，企业可以实时获取财务数据和分析结果，提高决策的效率。同时，财务管理体系还可以运用数据挖掘、预测分析等先进技术，为决策者提供更加深入和全面的财务洞察方法，从而提升决策的效果。

财务管理体系的决策支持功能，在现代企业管理中发挥着不可或缺的作用。通过提供全面、准确的财务信息、辅助制定财务策略、风险预警与防控、优化资源配置以及支持企业决策制定等方面的工作，财务管理体系为企业的稳健发展和持续创造价值提供了有力的保障。因此，企业应当高度重视财务管理体系的建设和完善，不断提升其决策支持功能，以应对日益复杂的经济环境和市场挑战。

财务管理体系在企业运营中发挥着举足轻重的作用。它不仅负责资金的筹措、运营和配置，还承担着利润分配、风险监控和决策支持等任务。一个健全、高效的财务管理体系，可以为企业创造更多的价值，推动企业的持续、健康发展。因此，现代企业应重视财务管理体系的建设和完善，不断提升其财务管理水平，以适应不断变化的市场环境和竞争压力。

第二节　财务管理体系的构成

财务管理五大体系分别是全面预算管理体系、内部控制管理体系、成本管理体系、财务信息管理体系、财会队伍管理体系。

一、全面预算管理体系

(一) 全面预算管理概述

1. 全面预算管理的概念

预算概念的不断延伸，也逐渐形成了适合现代企业管理的全面预算管理理论。按照财政部发布的《管理会计应用指引第 200 号——预算管理》的定义，全面预算管理是指企业以战略目标为导向，通过对未来一定时间内的经营活动和相应的财务结果，进行全面预测和筹划，科学、合理配置企业各项财务和非财务资源，并对执行过程进行监督分析，对执行结果进行评价和反馈，指导经营活动的改善和调整，并进而推动实现企业战略目标的管理活动。通过上述定义，不难看出，全面预算管理不光是实现经营活动的目的和手段，更是在一定时期内确保企业战略目标实现的整体规划。

全面预算管理主要有四个方面功能，首先是全面规划和细化功能，现代企业可以通过全面预算规划各项企业活动，并对其实际表现进行比对，从中发现存在于预期和实际活动中的差距，随后通过查漏补缺和资源优化，获取更多内在驱动。企业管理层能够通过全面预算管理，实现对企业运营概况的全方位了解，鼓励在职员工就未来发展各抒己见，如此一来，企业在发展进程中极易获取事半功倍之效。反之，如果企业忽略全面预算管理工作，其管理水平和掌控能力难以得到真正提升。其次是良好的沟通与协调功能。企业通过加强各部门之间的横向沟通，加强团队协作，为企业各部门开展业务活动和进行相互合作提供可行路径。简言之，对于企业各部门而言，预算工作有助于其职责和发展目标确定，彼此能够通过相互协作，做到步调一致，最终实现全面发展。再次是有效的控制与监督功能。企业能够参考预算管理目标，对企业运营现状、项目实施程度、费用成本管理、销售业绩等做全面了解。企业管理层可以通过比对各部门预期目标及其实际表现，对运营过程中存在的不足加以弥补，通过查漏补缺，摒弃潜在风险，有助于企业价值创造能力及其盈利水平提高。最后是员工考核与评价功能。基于企业员工视角来看，全面预算管理工作作为一种岗位指南，能够为企业在职员工分析其岗位职责提供参考。企业能够通过比对实际结果，知悉预算目标达成情况，对管理者绩效作出评价。随后，企业能够通过对多种激励方式的综合应用，深挖员工内在潜能，继而获取更多驱动力。

2. 全面预算管理目标

目前企业在构建全面预算管理时，需要达到以下五个目标。

第一，承接战略，对现有的商业计划进行细化与量化，促使各责任中心全面地、前瞻性地分析市场技术方面的变化，战略核心的实施需要参考规划和预算控制的具体场景，这些场景是细化工作的依据。

第二，资源配置，将年度商业计划通过预算转化为财务数据，各责任中心根据可获取的预算额度，主动开展资源配置活动，通过资源整合，使资源向优质业务倾斜，从而实现最佳经济效益。

第三，动态监控，构筑预算制定、评审、授予、追加、调整等活动，企业管理者可根据预算执行情况了解企业经营活动的状况。

第四，组织沟通，通过全面预算编制，各责任中心在预算制定、分解、评审、互锁的过程中，可以充分探讨，相互了解，实现企业内部管理的有机平衡及自我调节，工作中的困难度与沟通效果呈负相关。全面预算管理将所有部门都融入进来，使得每个部门都成为系统工作的一个组成部分，大家紧密联系，相互协作，保障各责任中心目标及公司总目标的共同实现。

第五，绩效管理。将全面预算结果与最后的考核评价相结合，可以激发员工的潜力，为实现个人目标与企业目标的有机结合创造环境。

（二）全面预算管理体系的概念

全面预算管理体系是以生产经营预算和财务预算两个部分为主干构成的，各项内容相互衔接、相互勾连构成的一套完整的预算管理体系。全面预算管理体系和企业经营活动全过程密切相关。从内容角度来看，全面预算管理体系涵盖了生产经营预算、财务预算、资本预算等具体预算。经营预算也就是企业日常运营相关的预算，其编制一般从销售预算编制开始，以此为基础安排公司全年生产任务，并对生产期间发生的费用进行预算，实现提高经济效益和资源配置合理性的目标。资本预算即一个企业的主要资本性项目支出预算，广义泛指在企业项目建设投资的过程中，对资本性支出以及经营管理活动的预算，其贯穿在企业的战略规划、评估、投融资等方面。财务预算主要是指在规定的预算期间，能够准确地揭示出一个企业未来的财务活动、管理成果、财务情况、现金流量等价值指标所具有的各方面预算，通常根据其经营预算和股权投资预算等因素来编制，主要涉及资产负债、利润、现金流量和财务情况等方面。财务预算从资源价值的角度展示预算期内，企业在经营或者投资中所做的预算结果，它的资料和信息也源于经营预算和投资预算，并在这三项预算中占据主导性地位。从组织结构角度来看，则包含完整的全面预算管理组织结构体系。从流程角度来看，则包括了预算编制、预算执行、预算分析、预算考核、预算调整、预算监督六个环节，涵盖了企业战略、企业环境、内部控制等方面。

（三）全面预算管理体系的构建

1. 全面预算管理体系构建的原则

在计划的具体实施过程中，预期范围内的公司经营与产品的产销需要进一步具象化，因此企业的战略核心是重要的方向指引与思想主体。预算调节的全面化正是为细化工作职能作出重大推动力的因素。公司采用预算调节战略的最终目的指向发展，因此在构建相关系统过程中需要符合企业内部要求与合法性。制定的基础需要立足于市场实际背景，结合现阶段持有的资源以及利润目标进行彻底的研究与验证，才能将市场化作指导方针。在市场分析与针对预算的评估工作中，需要全方位考虑可能造成影响的因素，因而科学化的计划才能够指明最终方向。偏差的调整需要尽量维持在最低的指标内，降低出现失误的概率，进而完成企业预算调整管理的项目活动最终指向。工作效率的提升也要考虑员工心理需求，而预算调节工作必然具有繁杂的特征，由计划到实践落地，企业需要以庞杂的工作量作为背景，针对审核验证指标的参考因素。实际效应是企业在控制预算以及管理部分的原则。这部分需要坚定维护的原则性规定为：战略导向原则、二八原则、持续经营原则、受控原则。

（1）战略导向原则

理论由抽象向具象转换的专业因素为预算调节的全盘化，也是在企业战略落地方面的主要手段，更是维持公司稳定发展持久性。为了在战略目标上达成公司资源持有现状的最高利用率，需要在执行过程中对单位进行细致归类。总之，在目标上需要将企业与预算目的进行统一化，同时在系统建立理念上完成整合，因而预算管理与企业战略需要达成高契合度的建立。为了将企业员工的规则和标准内化，进而深化思想上的预算调节核心，为企业稳定生存提供基础。

（2）二八原则

关键性与关键点是二八原则的基本要求，这种对关键性的敏锐需要发散在更为广阔的范围内，如人物、流程、产品质量、岗位职能、效应标准等。这需要更为深层的针对性而非广泛性，从操作流程的复杂度以及极低性价比来看，技校可作为适当忽略的数据处理，仅集中于 KPI 的参考。企业运用二八原则的适合度决定了在实际操作中对风险因素的干预与降低。以刚性支付的资金作为案例，这些在预算部分里不具备延期支付的可能性，如电费、工资等。二八原则应用于资金回收状况不佳的情况，当出现预算亟须把控的现象，刚性支付款项具有顺序的优先性，进而考虑轻重缓急的因素与先后顺序。

（3）持续经营原则

会计学上经营的理论依据，其范围内的假设决定了企业发展的持续性。持续经营需要建立在会计学相关成果基础之上，除非企业完成了破产清算过程，否则这项原则必须坚持。同样需要注意的是，持续经营原则也要坚定地贯彻在企业预算的评估与调控工作之中，不要把精力和时间耗费在发生概率非常低的某种现象或行为上。

持续经营原则要求我们把不可控因素降到最低。在数据方面，不可控因素的数据化评估得出的结果，在企业能力的普遍性测评中仅为5%，且具有补救的无效性质。根据反推的过程，在此逻辑下的绝大部分概率情况之中，企业往往可以完成针对采购过程中价格的掌控，进而完成下一步可掌控的采购执行与作业进程。供应链的强化管理往往可以成为，采购机构在原料收购过程中稳定单价的手段，市场价格的波动上限可调整到10%，可见其有效程度之高，且消除了企业在日益激烈的价格竞争中，对原材料收入的稳定性把控。然而这种预测具有时间局限性，在精准预算部分企业无法对年度状况作出更为明确的推断，这是市场多变性特征决定的结论。市场调研是公司常用的考察市场趋向的手段。另外，客户与销售组织之间的信息交换与分享往往具有时效性，其效果更加明显。组织为了更为精确的预算调控，往往以更具建设性的提议，督促研发组织的进一步发展与对产品的设计参考。

当持续经营情况无法完全得到保证时，企业的持续经营若想得到牢固的维持，必然需要对积极高效的手段进行缜密选择，以微小的市场构成部分来应对大背景下多元化且非预测性变化，而这样的变化是微小构成难以撼动的。积极的做法是，当原材料价格上涨超过可控范围时，应完成可控性与覆盖范围的超越性预警。计划性的研发与推销需要依托更多的调整才能够走向正向发展，公司需要以会议完成有效沟通，进而作出更新与修复。在面临突发事件时，研发部门的替代性产品研发是其应急能力的充分体现。在原料替换的同时，产品在质量标准与功效方面需要适当的侧重改变，深度完成市场价格的稳定工作。另外，当忽略最终结果与预期时，产品售出在数据上的增减受到原材料单价波动的影响，这需要推销职能组织在价格的控制上有所作为，以销量的计划作为开拓市场范围与对象。而在针对预期的对象、范围以及方式方面，职能组织需要充分准备，来保证持续经营的正常运行与稳定。

（4）受控原则

在调节预算过程中，对象的纳入需要依托企业对持有资产的控制能力，并将其放置在可控范围内。货币作为评估方式必须调高明确程度与清晰度，不容忍模棱两可不好衡量的概念。

受控原则并非顽固执着于不变性，而是在预审制度前的把控中调整资源的合理化投入，进而做好应对性的准备，以多元化作为原则的中心，化不可控为可控。

2. 全面预算管理体系构建的思路

在当今快速发展的商业环境中，企业全面预算管理已经成为提升运营效率、优化资源配置、实现战略目标的关键手段。全面预算管理体系的构建不仅能够帮助企业更好地应对市场变化，还能够提升企业的核心竞争力，实现可持续发展。接下来，将从以下方面探讨企业全面预算管理体系构建的思路。

（1）明确全面预算管理目标

构建全面预算管理体系的首要任务是明确管理目标。企业应根据自身发展战略和市场环境，确定预算管理的核心目标，如降低成本、提高收入、优化资源配置等。同时，要确保这些目标与企业整体战略相一致，以便在预算管理过程中形成合力，推动战略目标的实现。

（2）建立科学的预算编制流程

预算编制是全面预算管理的基础。企业应建立科学的预算编制流程，包括确定预算周期、制定预算政策、收集预算数据、编制预算草案、审批预算等环节。在预算编制过程中，要注重数据的准确性和可靠性，确保预算能够真实反映企业的运营状况和市场需求。

（3）强化预算执行与监控

预算的执行与监控是确保预算管理体系有效运行的关键环节。企业应建立完善的预算执行与监控机制，通过定期分析预算执行情况，及时发现和解决在预算执行过程中出现的问题。同时，要加强对预算执行的考核和奖惩，激发员工的积极性和增强员工的责任感，确保预算目标的顺利实现。

（4）优化预算调整与反馈机制

市场环境的变化和企业内部运营状况的调整都会对预算产生影响。因此，企业应建立预算调整与反馈机制，根据实际情况对预算进行适时调整。在预算调整过程中，要注重合理性和科学性，避免过度调整导致预算失去指导意义。同时，要建立预算反馈机制，及时收集员工对预算管理的意见和建议，不断完善预算管理体系。

（5）加强预算管理的信息化建设

信息化建设是提高预算管理效率和准确性的重要手段。企业应充分利用现代信息技术手段，如大数据、云计算等，构建预算管理信息系统，实现预算数据的实时更新和共享。通过加强预算管理的信息化建设，可以提高预算编制、执行、监控和调整的自动化水平，降低人为干预和误差，提高预算管理的科学性和准确性。

（6）培养预算管理专业人才

预算管理是一项专业性较强的工作，需要具备丰富的财务管理知识和实践经验的人才来支撑。因此，企业应注重培养预算管理专业人才，通过内部培训、外部引进等方式，提高预算管理人员的专业素质和综合能力。同时，要建立良好的人才激励机制，吸引和留住优秀的预算管理人才，为企业的预算管理提供有力的人才保障。

企业全面预算管理体系的构建是一个系统性、复杂性的工程，需要企业从明确管理目标、建立科学的预算编制流程、强化预算执行与监控、优化预算调整与反馈机制、加强预算管理的信息化建设以及培养预算管理专业人才等方面入手，全面提升预算管理的水平和效果。通过构建完善的全面预算管理体系，企业可以更好地应对市场挑战，提升核心竞争力，实现可持续发展。

二、内部控制管理体系

(一) 财务内部控制概述

1. 财务内部控制的概念

财务的内部控制指的是从财务管理的角度出发，对企业内部控制的设计进行管理和控制。财务内部控制与企业财务、财务管理等都具有非常密切的关系。就内部的控制活动而言，所有控制标准及计划的设立、控制效果的实施及考核等，都与企业财务之间有着十分密切的关系。所以，根据财务部门反馈的信息对企业财务活动的执行产生影响，使企业实现既定目标是财务内部控制对企业内部控制的一个重要内容。通过对财务内部控制定义及概念的梳理我们可以得出，在企业的内部控制系统中，财务的内部控制是其非常重要的组成部分。企业财务的内部控制，简单来说，就是对财务活动中的诸多环节进行控制，所以财务的内部控制计划，是为了完成企业的预期目标，企业各级财务管理部门依据财务预算和财务的相关管理制度，提前对企业财务活动的诸多环节进行制约，以期实现企业财务业绩的最终完成。

2. 财务内部控制的内容

财务内部控制管理的内容包括企业管理活动的方方面面，主要涉及对核算职能、监督职能、其他各项职能进行控制。财务内部控制管理涉及企业内部的各个方面，是完整的管理体系。财务内部控制的内容主要包括：第一，保障企业的各项经营活动高效、有序进行；第二，保障企业内部各个部门之间会计信息和管理信息的可靠性与真实性；第三，高效利用及管理企业的各项资产，保障企业的各项资产安全、完整；第四，保障企业规定的各项管理制度、措施及方针顺利落实；第五，最大限度地降低及控制企业经营各项活动的成本及费用，以实现企业盈利最大化；第六，尽量预防企业内部可能出现的各类潜在风险，一旦发现潜在的风险，必须及时对其控制。企业财务内部控制制度涉及范围较广，包括企业财务的各个职能部门。从企业内部控制目标来看，其就是为了维护企业管理活动的正常经营，减少风险的发生，通过对企业内部进行控制减少企业的潜在亏损，从而帮助企业有效规避潜在的风险，保证企业在可持续经营发展的同时，促进企业价值实现进一步增大的目标。

（二）内部控制体系概述

内部控制体系是为合理保证单位经营活动的效益性、财务报告的可靠性和法律法规的遵循性，而自行检查、制约和调整内部业务活动的自律系统。

1. 应用范围

企业的内控体系应当贯穿于企业经营活动的决策、执行和监督的各个阶段、各个层级，涵盖了营管企业每一项经营活动的过程，体现了内部控制的全面、全员、全过程的特性。

2. 制定原则

制定内控体系的基本准则在于职责分离、授权批准、相互制约、监督检查，企业建立与实施内控体系应当遵循的五项原则：全面性原则、重要性原则、制衡性原则、适应性原则、成本效益原则。

3. 构成

企业财务内部控制体系是企业为确保财务活动的合规性、高效性、安全性而建立的一系列制度、措施和方法的总和。其中，全面风险管理体系和全面风险控制体系构成了企业财务内部控制体系的核心内容。

（1）全面风险管理体系

全面风险管理体系是企业对可能面临的各种风险进行系统性识别、评估、监控和应对的过程。它旨在帮助企业及时发现潜在风险，制定合理的风险管理策略，并通过有效的执行和监督，确保企业风险控制在可承受范围内。

在构建全面风险管理体系时，企业需要考虑以下方面。

第一，风险识别：通过对企业内外部环境进行深入分析，识别可能对企业造成不利影响的各种风险。

第二，风险评估：对识别出的风险进行量化分析，评估其发生的可能性和影响程度，为制定风险管理策略提供依据。

第三，风险应对：根据风险评估结果，制定相应的风险管理策略，包括风险规避、降低、转移和承受等。

第四，风险监控：建立风险监控机制，对风险管理策略的执行情况进行持续跟踪和评估，确保风险得以有效控制。

（2）全面风险控制体系

全面风险控制体系是在全面风险管理体系的基础上，对企业财务活动进行更为细致、具体的风险控制措施。它旨在通过一系列内部控制活动，确保企业财务活动的合规性、准确性和完整性。

全面风险控制体系包括以下方面。

第一，内部控制环境：建立良好的内部控制环境，包括明确的企业文化、价值观、组织结构、权责关系等，为内部控制活动提供有力支持。

第二，风险评估与应对：在全面风险管理体系的基础上，针对企业财务活动的特点，进行更为具体的风险评估和应对。

第三，控制活动：通过制定和实施一系列内部控制活动，如财务审批、会计核算、内部审计等，确保企业财务活动的合规性和准确性。

第四，信息与沟通：建立有效的信息与沟通机制，确保企业内部各部门之间、企业与外部利益相关者之间的信息传递畅通无阻，为内部控制提供有力保障。

第五，监督与改进：通过对内部控制体系的持续监督和评估，发现存在的问题和不足之处，并及时进行改进和完善，确保内部控制体系的有效性。

企业财务内部控制体系的构成，离不开全面风险管理体系和全面风险控制体系的支撑。只有建立完善的内部控制体系，企业才能有效应对各种风险挑战，确保财务活动的稳健运行。因此，企业应高度重视内部控制体系的建设和完善工作，不断提升企业的风险管理水平和内部控制能力。

(三) 企业财务内部控制管理体系的构建

1. 企业财务内部控制管理体系构建的原则

企业财务内部控制管理体系是企业稳健经营、防范风险、提高经济效益的重要保障。构建科学、合理、有效的内部控制管理体系，对于企业的长远发展具有重要意义。在构建这一体系时，应遵循以下原则。

(1) 合规性原则

合规性原则是企业财务内部控制管理体系构建的基础。企业应严格遵守国家法律法规、财务规章制度以及行业规范，确保企业的财务活动合法合规。同时，内部控制管理体系应与国家宏观经济政策、行业发展趋势相协调，确保企业在遵守法律法规的前提下，实现健康、可持续的发展。

(2) 全面性原则

全面性原则要求企业在构建内部控制管理体系时，应覆盖企业所有财务活动和相关业务领域。这包括企业的采购、生产、销售、投融资等各个环节，以及财务预算、会计核算、资金管理、税务筹划等方面。通过全面的内部控制，实现对企业财务活动的全方位监督和管理，确保企业财务信息的真实性、完整性和准确性。

(3) 重要性原则

重要性原则强调在构建内部控制管理体系时，应突出重点，关注关键业务和重要风险点。企业应根据自身业务特点和风险状况，对关键业务和重要风险点进行重点关注和强化控制。同时，对于一般性业务和风险点，也应建立相应的内部控制措施，确保整体内部控制体系的完整性和有效性。

(4) 制衡性原则

制衡性原则要求企业在构建内部控制管理体系时，应合理设置内部机构、分配职责权限，确保不相容职务相分离，形成相互制约、相互监督的机制。通过制衡性原则的贯彻实施，可以有效防止内部权力的滥用和舞弊行为的发生，保障企业财务活动的公正、公平和透明。

(5) 适应性原则

适应性原则强调企业在构建内部控制管理体系时，应充分考虑企业自身的实际情况和发展需求。内部控制体系应与企业的发展战略、组织结构、业务模式等相适应，并随着企业的发展变化进行动态调整和完善。同时，内部控制体系也应具有一定的灵活性，能够应对外部环境的变化和市场风险的挑战。

（6）成本效益原则

成本效益原则要求企业在构建内部控制管理体系时，应充分考虑投入与产出的关系，确保内部控制的成本不高于其带来的效益。企业应根据自身的规模、业务复杂程度和风险水平等因素，合理确定内部控制的投入规模和管理力度，实现内部控制与企业经济效益的协调发展。

综上所述，企业财务内部控制管理体系构建的原则包括合规性、全面性、重要性、制衡性、适应性和成本效益六个方面。这些原则相互关联、相互补充，共同构成了企业财务内部控制管理体系的基石。企业在构建内部控制管理体系时，应充分遵循这些原则，确保内部控制体系的有效性和可持续性。

2. 企业财务内部控制管理体系构建的思路

随着市场经济的不断发展和企业竞争的日益激烈，企业财务内部控制管理体系的构建显得越发重要。一个健全、高效的内部控制体系，不仅有助于保障企业资产的安全性、完整性，还能提升财务信息的质量，促进企业健康、稳定地发展。下面将探讨企业财务内部控制管理体系构建的思路，为企业实践提供有益的参考。

（1）明确内部控制的目标与原则

在构建企业财务内部控制管理体系时，首先要明确内部控制的目标。一般来说，内部控制的目标包括保证企业资产的安全与完整、确保财务信息的真实可靠、提高经营效率和效果、促进企业战略目标的实现等。同时，还要遵循内部控制管理体系的基本原则，如全面性、重要性、制衡性、适应性和成本效益等，确保企业内部控制活动的有效性和合理性。

（2）完善内部控制的组织架构

企业应建立完善的内部控制组织架构，明确各级管理层的职责和权限。设立专门的内部控制部门或岗位，负责内部控制的设计、执行、监督和评价工作。同时，企业要加强内部控制与其他部门的沟通与协作，形成内部控制的合力。

（3）制定内部控制的具体措施

针对企业财务活动的各个环节，应制定具体的内部控制措施。在资金管理方面，应建立严格的授权审批制度，规范资金的使用和调度；在会计核算方面，应确保会计科目的设置和使用的合理性，加强会计凭证的审核和保管；在内部审计方面，应定期进行内部审计和风险评估，及时发现和纠正内部控制存在的问题。

（4）加强内部控制的信息化建设

随着信息技术的不断发展，企业应充分利用信息技术手段加强内部控制的信息化建设。通过建立财务信息系统、内部控制信息系统等，实现财务数据的实时采集、处理和分析，提高内部控制的效率和准确性。同时，要加强信息系统的安全防护，确保内部控制信息的安全性和保密性。

（5）建立内部控制的评价与改进机制

企业应定期对内部控制管理体系进行评价，评估内部控制的有效性和合理性。对于发现的内部控制问题和不足之处，应及时进行改进和完善。同时，要建立内部控制的反馈机制，鼓励员工积极参与内部控制的建设和改进工作，形成全员参与、持续改进的良好氛围。

（6）注重内部控制文化的培育

内部控制文化的培育是构建企业财务内部控制管理体系的重要环节。企业应注重培养员工的内部控制意识和风险意识，加强内部控制的宣传和培训，使员工充分认识到内部控制的重要性并自觉遵守内部控制规范。同时，要倡导诚信、公正、透明的企业文化，为内部控制的有效实施提供有力的文化支撑。

企业财务内部控制管理体系的构建是一个系统工程，需要企业从多个方面入手进行设计和实施。通过明确内部控制的目标与原则、完善组织架构、制定具体措施、加强信息化建设、建立评价与改进机制以及注重文化培育等措施的实施，可以逐步构建起健全、高效的财务内部控制管理体系，为企业的健康发展提供有力的保障。

三、成本管理体系

(一) 定义

成本管理体系是指在成本方面指挥和控制组织的管理体系。成本管理体系是所有管理体系中的一个体系，管理体系是建立方针和目标并实现这些目标的体系。所以成本管理体系就是在成本方面指挥和控制组织，建立方针和目标并实现这些目标的体系。成本管理体系作用在成本方面，其基本职能是指挥和控制，也就是指挥和控制成本。

（二）构成

成本管理体系通常通过以下四个基本要素的相互联系和相互作用，来实现上述这些职能和使命。

1.组织机构

组织机构是指人员的职责、权限和相互关系的安排。组织机构通常用组织机构图来表示，在一个组织机构中应安排所需的管理职能，配置相应的人员，规定其职责和权限，并在工作过程中明确相互关系和活动的接口，确保有效沟通和密切配合，为实现组织的目标和使命而工作。

2.程序

程序是为进行某项活动或过程所规定的途径。这个"途径"应该是最便捷的途径。程序可以形成文件，也可以不形成文件，含有程序的文件可称为程序文件。编制一个文件化的程序，其内容通常包括：活动的目的、范围、职责、权限的分配和工作程序以及形成的记录等；在工作程序中还要规定：做什么？谁来做？何时何地做？如何做？使用什么材料、设备和文件做？做到什么程度？如何对活动进行控制和记录？成本如何？程序和过程是密切相关的，成本管理通过过程管理来实现，成本在过程中发生，所发生的成本是否有必要？过程控制如何？工作程序又取决于所投入的资源和活动，而活动的质量则是通过实施该活动所采用的途径和方法予以实现。控制活动的有效途径和方法应制定在书面程序中，因此，书面程序为确保过程受控提供了有效的途径和方法，只要认真执行书面程序的规定，就能确保过程的质量，从而使成本水平得到有效的控制和降低。

3.过程

过程是将输入转化为输出的系统。"过程"是广义的概念，包括成本发生过程和成本管理体系过程。过程的基本特征是：

（1）任何一个过程都有输入和输出；

（2）输入是实施过程的基础、前提和依据；

（3）输出是完成过程的结果；

（4）输出可能是有形产品，也可能是无形产品（软件、服务）；

（5）完成过程必须投入适当的（必要的）资源和活动；

（6）过程本身是一种增值转换（过程的目的是增值，不增值的过程没有意义）；

（7）为确保过程质量，对全过程中的适当阶段进行必要的检查、评审、验证（测量点）；

（8）所有工作都是通过过程来完成的。

过程是一个网络的概念，一个大过程可能包括若干个小过程；若干个小过程组成一个大过程；过程网络内部之间是有顺序的（前道工序的输出，可能是后道工序的输入）。成本在过程中发生，只有控制成本发生过程才能达到成本管理的目的。

4.资源

资源是指凡是能被人所利用的物质（包括：人员、设施、设备、材料、资金、技术、方法、信息等）。管理和控制成本也需要发生成本，运行一个行之有效的成本管理体系也要投入必要的资源，这是成本换取性的要求，用较小的成本代价来替换较大的成本代价，以获取更大的利益。这就是成本的换取性。组织应识别和保证成本管理体系所需的资源条件，用较小的必要的管理成本来替换较大的不合理成本。成本管理体系相互联系和相互作用主要解决下面四个基本问题。

（1）提高成本因素（浪费和浪费源）和成本优势是否得到识别和确定？

（2）如何消除或减少提高成本因素（浪费和浪费源）和发挥成本优势？

（3）是否已经消除了提高成本因素（浪费和浪费源）和发挥成本优势？

（4）已降低的成本水平是否得到持续控制和保持？

（三）任务

通过解决上述这四个基本问题，我们就可以概括出成本管理体系的中心任务。

（1）将成本降到尽可能低的水平。

（2）保持已降低的成本水平。

降低和保持成本的核心就是控制提高成本因素和发挥成本优势。控制提高成本因素和发挥成本优势的核心就是全面、系统、充分和准确地识别和确定提高成本因素和成本优势。识别和确定提高成本因素和成本优势的核心就是认识、理解、掌握和运用好提高成本因素和成本优势的性质。组织建立和实施成本管理体系的目的是通过成本管理体系的有效运行和持续改进，满足顾客、最高管理者、相关方以及适用的法律法规要求。使组织的成本在不违背降低成本原则的情况下降到尽可能低的水平，并加以保持，旨在实现利润的最大化和低成本运营。

（四）意义

成本管理体系对更好地实施成本管理，增强员工的成本意识，有效地控制浪费、降低成本、节省资源，持续保持满意的成本水平，实现利润最大化，达到企业经营目的，提升企业的竞争力，促使企业不断发展等方面具有极其重要的意义。

成本管理体系将成本管理与控制作为系统性的考虑和研究适应了"成本一定在一组要素中发生"的规律，能够系统地控制和降低成本；能够全面地满足顾客、最高管理者、相关方和适用的法律法规要求；能够持续地开展成本管理活动和坚持持续改进；能够向组织外部证实成本水平和提供成本保证能力的信任。

（五）作用

成本管理体系是一个成本保证体系。组织通过成本管理体系的有效运行，可以持续提高以下方面的成本保证能力。

1.组织保证

组织在建立、实施和保持成本管理体系的过程中，最高管理者应任命成本管理体系负责人，并授权全权代表最高管理者来领导、组织、指挥和协调组织的整个成本管理体系工作。最高管理者还应建立健全成本管理的组织机构，成立成本管理的归口管理部门，并规定与成本水平和成本管理有关的部门/单位和人员的成本职责、权限、相互关系和活动接口，使各有关部门/单位和全体人员都能知道并理解自己对成本和成本管理的责任和义务，从而保证成本得到持续的控制和降低。

2. 立法保证

组织应研究、规划并实施成本和成本管理立法，策划、建立和保持成本管理体系文件，包括：成本管理手册、程序文件、规章制度、各种定额、标准成本、全面预算、成本计划以及作业文件等成本控制文件。这些文件是成本发生过程和成本管理的依据，用来约束、指导和规范成本发生和成本管理的行为、指导成本管理工作和活动。从而保证成本水平得到持续的控制和降低。

3. 活动保证

组织的成本管理体系要求管理者和成本管理归口部门应持续、有效地开展成本管理活动，包括：成本策划、成本立法、评审、实施、检查、内部审核、成本考核、成本否决、成本控制、成本核算、成本分析、识别提高成本因素、增产节约或增收节支、合理化建议、员工培训和教育、预防风险、供方管理、持续改进、管理评审等活动。

4. 资源保证

资源是成本管理体系的物质基础。组织的最高管理者应确保为成本管理体系的有效运行提供必要的、适当的资源，包括：人力资源、材料、工具、设备、设施、技术、方法、资金、信息等资源。

5. 方法保证

成本管理问题要靠相应的成本管理和成本控制方法来解决。组织的管理者在实施成本管理体系的过程中应不断地、准确地识别、确定和正确应用成本管理与控制的技术、方法和工具，以提高成本管理体系的有效性和效率。常用的成本管理与控制方法和工具有：ACPP 成本的预先策划和控制计划、ABC 作业成本法、ABCM 作业成本管理、TCM 全面成本管理、SC 标准成本法、TCD 全面降低成本法、SCM 战略成本管理、MB 职能基础全面预算、CVP 本量利分析、CEWS 成本预警系统、BSC 平衡计分卡、供应链成本管理、定额管理、职能基础成本核算、目标成本法、税务筹划、盈利能力分析、敏感性分析、CE 成本工程、QE 质量工程、VE 价值工程、IE 工业工程、赢得值法等。组织通过这些方法和工具的应用从而保证成本水平得到持续的控制和降低。组织只有建立和实施了行之有效的成本管理体系，才能对这些方法和工具的应用过程、效果和具有的能力向管理者、顾客和相关方提供充分信任。

(六) 企业成本管理体系的构建

1. 企业成本管理体系构建的原则

在日益激烈的市场竞争中，企业成本管理体系的构建显得尤为重要。一个健全、高效的成本管理体系不仅有助于企业降低成本、提高盈利能力，还能为企业的可持续发展奠定坚实基础。

（1）全面性原则

企业成本管理体系的构建应遵循全面性原则，即要全面考虑企业生产经营活动的各个环节和各个方面。这包括原材料采购、生产制造、销售服务以及日常管理等多个环节，都应纳入成本管理的范畴。同时，要关注直接成本和间接成本，确保成本管理无死角、无遗漏。

（2）目标导向原则

在构建成本管理体系时，应明确成本管理的目标，并以此为导向来制定具体的管理措施和方法。成本管理目标应与企业整体战略目标相一致，通过降低成本、提高效益来实现企业的长期发展。同时，要根据目标设定合理的成本预算和考核指标，确保成本管理工作的针对性和有效性。

（3）动态调整原则

企业成本管理体系的构建不是一蹴而就的，而是一个持续优化的过程。因此，在构建过程中要遵循动态调整原则，根据企业内外部环境的变化及时调整成本管理策略和方法。这包括对市场需求的变化、原材料价格波动、技术进步等因素进行敏锐感知，并及时作出相应调整，以保持成本管理体系的灵活性和适应性。

（4）责权利相统一原则

成本管理体系的构建应明确各部门的成本管理职责和权限，实现责权利相统一。各部门应根据其职能范围和管理职责制定相应的成本管理措施和方法，确保成本管理工作的有效实施。同时，要建立完善的成本考核和激励机制，对成本管理绩效进行客观评价，并根据评价结果给予相应的奖惩，以激发各部门参与成本管理的积极性和主动性。

(5) 信息化原则

随着信息技术的不断发展，信息化已成为企业成本管理的重要手段。因此，在构建成本管理体系时，应遵循信息化原则，充分利用现代信息技术手段来提高成本管理的效率和准确性。通过建立成本数据库、采用成本分析软件等方式，实现对成本数据的实时采集、处理和分析，为成本管理决策提供有力支持。

综上所述，企业成本管理体系的构建应遵循全面性原则、目标导向原则、动态调整原则、责权利相统一原则和信息化原则。这些原则相互关联、相互补充，共同构成了企业成本管理体系的基石。通过遵循这些原则，企业可以构建符合自身特点和发展需求的成本管理体系，为企业的长远发展提供有力保障。

2. 企业成本管理体系构建的思路

在全球化竞争日益激烈的今天，企业成本管理体系的构建显得尤为重要。一个健全的成本管理体系不仅有助于企业提高经济效益，还能提升企业的市场竞争力。下面将从成本管理体系的重要性、构建原则、关键环节以及持续改进等方面，探讨企业成本管理体系的构建思路。

(1) 成本管理体系的重要性

成本管理体系是企业实现成本控制和优化的重要工具。通过构建科学、合理的成本管理体系，企业可以更加精确地核算和控制成本，避免资源浪费和成本超支的现象发生。同时，成本管理体系还能帮助企业识别成本驱动因素，为决策提供有力支持，推动企业持续改进和创新发展。

(2) 构建成本管理体系的关键环节

第一，成本核算与控制：企业应建立规范的成本核算制度，确保成本数据的准确性和完整性。同时，要加强成本控制，通过预算、分析、考核等手段，实现成本的有效降低。

第二，成本分析与优化：通过对成本数据的深入分析，找出成本高的环节和原因，制定针对性的优化措施。此外，企业还可以运用先进的成本管理方法和技术，如作业成本法、目标成本法等，提高成本管理水平。

第三，成本决策与考核：成本管理体系应与企业战略目标和经营计划紧密结合，为成本决策提供有力支持。同时，要建立完善的成本考核机制，激励员工积极参与成本管理，形成全员参与、共同控制的良好氛围。

（3）持续改进成本管理体系

成本管理体系的构建不是一蹴而就的，而是一个持续改进的过程。企业应定期对成本管理体系进行评估和调整，以适应不断变化的市场环境和业务需求。此外，企业还应关注成本管理领域的新理念、新技术和新方法，不断引入和创新，推动成本管理体系的升级和完善。

总之，企业成本管理体系的构建是一项系统工程，需要企业从多个方面入手，注重系统性、实用性和动态性。通过构建科学、合理的成本管理体系，企业可以实现成本控制和优化，提高经济效益和市场竞争力，为企业的可持续发展奠定坚实基础。

四、财务信息管理体系

（一）定义

财务信息管理体系是指利用现代信息技术和网络通信技术，对财务管理中的分析、预测、计划、控制、监督等各个环节进行全面管理的系统。

（二）构成

财务信息管理体系是依靠若干个构成模块的集成来实现的，一般来说，财务信息管理体系应该包括组织互联信息模块、会计事务处理信息模块、财务管理信息模块、财务决策支持模块以及财务主管信息模块五个部分，其中组织互联信息模块是解决企业内部组织之间以及企业与关联企业之间的信息传输问题；会计事务处理信息模块的作用是提供精确、及时的信息，提高财务工作效率和成功率；财务管理信息模块、财务决策支持模块和财务主管信息模块是从不同的角度、不同的层次解决财务管理中的计划、控制、决策等问题。这些模块的成功建立以及相互之间的集成管理是财务管理信息化成功的体现，他们之间的关系密不可分。

1.组织互联信息模块

组织互连模块可以使企业的财务部门与其他部门、本企业与其他关联企业之间的财务信息自动流动，用以支持企业财务管理中的计划、组织、控制、分析、预测、决策等各个环节，以支持企业的管理与生产。

2. 会计事务处理信息模块

财务管理软件分为企业财务和决策两个层次。企业财务以总账系统为核心，包括总账、应收应付、现金管理、项目管理、工资管理和固定资产管理等，为企业的会计核算和财务管理工作提供了全面、详细的解决方案。

（1）总账系统

总账系统的功能是处理记账凭证输入、登记，输出日记账、一般明细账及总分类账，编制主要会计报表。它是整个会计核算的核心，应收账、应付账、固定资产核算、现金管理、工资核算、多币制等各模块都以其为中心来互相传递信息。

（2）应收应付系统

应收应付系统是核算每一笔业务的欠款情况以及收、付款情况，提供详细的客户、供应商和产品的统计分析，能有效地管理应收应付账款。应收应付系统从总账取得客户、供应商信息，提供查询功能。

（3）现金管理系统

现金管理系统主要是对现金流入流出的控制以及零用现金及银行存款的核算。它包括了对硬币、纸币、支票、汇票和银行存款的管理。

（4）固定资产管理系统

固定资产管理系统完成对固定资产的增减变动以及折旧有关基金计提和分配的核算工作。它能够帮助管理者对固定资产的现状有所了解，并能通过该模块提供的各种方法来管理资产，以及进行相应的会计处理。

（5）工资核算系统

进行企业员工的工资结算、分配、核算以及各项相关经费的计提。它能够登录工资系统、打印工资清单及各类汇总报表，计提各项与工资有关的费用。在工资核算系统中进行日常的工资核算，并且生成人工费用凭证。

（6）存货核算系统

存货是保证企业生产经营过程顺利进行的必要条件。存货管理系统将协助企业实现对存货的管理与核算，对存货的收发情况进行实时处理，为管理者提供动态的存货信息，从而在保证生产经营的同时，将存货成本控制到最小。录入各种出、入库单，进行数量核算。在存货核算系统进行存货的成本管理，并生成凭证传递到总账系统。

(7) 项目管理系统

在实现财务核算的同时，企业需要对一些重要项目（如在建工程、产品成本、旅游团队、合同等）进行单独管理。项目管理为企业的特殊管理需求提供了完善的解决方案，即从总账系统中取得各项目信息，在项目管理系统中进行查询。

财务决策软件以 UFO 报表为核心，包括 UFO 报表和财务分析等。

(三) 目标

财务信息管理体系是指利用信息技术，结合财务管理方法、管理理论，以计算机及网络为工具，建立各种预测、决策、预算与控制以及分析模型，对各种业务数据和财务信息进行再处理的人—机系统。如财务预算、营运资金管理和控制、投资决策分析、筹资决策分析、销售和利润预测与管理、成本计算和控制、财务分析等。因此，其目标是通过计划、组织、控制、协调与业务职能一体化来实现企业资源的最优配置，提高企业经济资源的使用效率，为企业优化管理和经营决策提供科学的依据。

(四) 应用环境

财务信息管理体系的应用环境是指保证信息系统正常工作所必备的运行平台，它包括硬件平台、软件工具和数据源。

(1) 硬件平台。硬件平台主要是指对各种业务数据和财务信息进行输入、存储、加工和输出等的各种电子设备。根据所需数据来源的复杂程度，硬件平台可分为单机结构和网络结构。最为理想的硬件平台为："微机局域网络＋远程通信设备。"它一方面能够从企业的不同子系统中获取数据，另一方面可以为企业整个管理信息系统中的各级财务管理人员提供管理和决策支持。

(2) 软件工具。软件工具主要依据各级财务管理人员的需求，用来帮助企业建立财务分析、计划、预测和决策等模型，支持财务管理活动的软件系统。随着计算机软件技术的迅猛发展，软件工具品种繁多。因此，在选择软件工具时，应该从解决特定的财务管理角度进行考虑。一般而言，FMIS 中所使用的软件工具应该具有较强的分析功能，如 Excel、VBA、Lightship 等工具。

（3）数据源。数据源是指支持财务管理活动所需的数据集，包括财务数据、业务数据和企业外部数据，它是 FMIS 工作的起点。因此，只有及时、准确地获取这些数据，才能保证 FMIS 工作的顺利实现。

（五）企业财务信息管理体系的构建

1. 企业财务信息管理体系构建的原则

企业财务信息管理体系是确保企业财务活动高效、规范运行的关键所在。在构建这一体系时，必须遵循一系列基本原则，以确保信息的准确性、及时性、安全性，以及管理的高效性。以下是关于企业财务信息管理体系构建原则的探讨。

（1）准确性原则

准确性是财务信息管理的基础。构建企业财务信息管理体系的首要原则就是要确保财务数据的准确性。这意味着从数据采集、处理到报告的每一个环节，都必须有严格的标准和流程，避免数据失真或错误。同时，还需要建立数据复核和纠错机制，及时发现并纠正数据中的偏差，确保财务信息能够真实反映企业的财务状况和经营成果。

（2）及时性原则

财务信息具有时效性，过时的信息将失去其决策价值。因此，企业财务信息管理体系的构建必须坚持及时性原则。这要求企业建立高效的信息处理系统，能够实时采集、处理、分析和报告财务信息。同时，还需要优化流程，减少信息传递的层级和环节，确保财务信息能够在第一时间内传递到决策层，为企业的决策提供有力支持。

（3）安全性原则

财务信息涉及企业的核心机密和商业秘密，一旦泄露或被篡改，将会给企业带来严重的损失。因此，安全性原则是构建企业财务信息管理体系不可忽视的一环。企业必须加强对财务信息系统的安全防护，采取数据加密、访问控制、审计追踪等安全措施，防止信息泄露和被非法访问。同时，还需要建立健全的灾难恢复和应急响应机制，以应对可能出现的安全风险。

（4）高效性原则

企业财务信息管理体系的构建不仅要关注信息的准确性、及时性和安全性，还要注重管理的高效性。这要求企业优化财务信息管理流程，减少不必要的环节和冗余操作，提高信息处理的速度和效率。同时，还需要加强人员的培训和管理，提高财务人员的专业素质和技能水平，确保他们能够熟练掌握和使用财务信息管理系统。

（5）可持续性原则

企业财务信息管理体系的构建是一个长期的过程，需要考虑企业的可持续发展。因此，在构建过程中，应注重体系的可扩展性和可维护性，以便随着企业的发展和业务的变化，企业能够灵活调整和优化体系的结构和功能。同时，还需要关注新技术的发展和应用，不断引入先进的财务管理理念和工具，以提升企业财务信息管理的水平和效率。

综上所述，企业财务信息管理体系的构建原则涵盖了准确性、及时性、安全性、高效性和可持续性等方面。这些原则共同构成了企业财务信息管理体系的核心框架，为企业的财务管理提供了有力的支持和保障。在实际操作中，企业应根据自身的特点和需求，灵活运用这些原则，构建符合自身发展需要的财务信息管理体系。

2. 企业财务信息管理体系构建的思路

随着全球经济一体化的深入发展和市场竞争的加剧，企业财务信息管理已成为企业核心竞争力的重要组成部分。构建完善的财务信息管理体系不仅有助于企业提高决策效率、优化资源配置，还能有效防范财务风险，确保企业稳健发展。下面将探讨企业财务信息管理体系的构建思路，以期为企业实践提供参考。

（1）明确财务信息管理目标

在构建企业财务信息管理体系之前，首先要明确管理目标。这些目标应与企业整体战略相一致，包括提高财务信息质量、加强内部控制、优化决策支持等方面。明确目标有助于企业在构建过程中保持方向明确，确保体系的针对性和实用性。

（2）梳理财务信息管理流程

梳理企业财务信息管理流程是构建体系的关键步骤。企业应全面分析现有财务信息管理流程，识别存在的问题和不足之处，并在此基础上进行优化和改进。同时，要关注流程的协同性和高效性，确保各个环节之间的顺畅衔接，提高企业整体管理效率。

（3）完善财务信息管理制度

制度是保障企业财务信息管理体系有效运行的基础。企业应建立一套完善的财务信息管理制度，包括财务报告编制与审核、内部控制规范、财务风险防范等方面。制度应明确各项职责和权限，确保各部门和人员能够按照规范进行操作，保障财务信息的准确性和可靠性。

（4）加强财务信息管理技术建设

现代信息技术的发展为企业财务信息管理提供了有力支持。企业应充分利用大数据、云计算、人工智能等技术手段，构建高效、智能的财务信息管理平台。通过技术手段，实现财务数据的实时采集、处理和分析，提高决策支持的及时性和准确性。

（5）培养高素质财务信息管理人才

人才是企业财务信息管理体系建设的核心。企业应重视财务信息管理人才的培养和引进，加强财务人员专业培训和实践锻炼，提高财务人员的业务素质和综合能力。同时，要建立健全的激励机制，吸引和留住优秀人才，为企业财务信息管理提供有力的人才保障。

（6）持续改进与优化

企业财务信息管理体系的构建并非一蹴而就，而是一个持续改进和优化的过程。企业应定期评估财务信息管理体系的运行效果，及时发现存在的问题和不足之处，并采取有效措施进行改进。同时，要关注行业发展和市场需求的变化，及时调整和优化财务信息管理体系，确保体系始终与企业发展需求保持同步。

构建企业财务信息管理体系需要明确目标、梳理流程、完善制度、加强技术建设、培养人才以及持续改进与优化。通过这一系列的措施，企业可以建立起高效、稳健的财务信息管理体系，为企业的发展提供有力保障。

五、财会队伍管理体系

(一) 财会队伍管理体系概述

财会队伍管理体系是指在组织内建立一套科学的、全面的、系统化的财会人才培养、激励、管理和发展的管理体系，以确保财会队伍的健康发展和组织目标的实现。

财会队伍管理体系包括以下方面。

（1）人才培养。通过培养、教育和训练员工，提高其专业知识和技能水平，以及工作能力和素质，使其适应组织发展的需要。

（2）人才激励。通过建立科学合理的激励机制，吸引、留住员工和激发员工的工作热情和积极性，提高员工的工作效率和贡献。

（3）人才管理。通过建立人才评价、选拔、任用、考核、奖惩等制度，对员工进行全面、公正、科学的管理，以确保员工的工作能力和素质得以提高。

（4）人才发展。通过实施职业生涯规划、技能培训、晋升与转岗等措施，为员工提供全方位、个性化的发展机会，促进其职业成长。

（5）组织文化。通过营造良好的组织文化和氛围，增强员工凝聚力和归属感，提高员工的工作满意度和忠诚度。

综上所述，建立健全的财会队伍管理体系是组织提高绩效、持续发展的重要保障。

(二) 企业财会队伍管理体系的构建

1. 企业财会队伍管理体系构建的原则

随着市场经济的发展和企业竞争的加剧，财会队伍作为企业内部管理的重要组成部分，其管理体系的构建显得尤为关键。一个高效、规范、科学的财会队伍管理体系，不仅能够确保企业财务信息的准确性、完整性和及时性，还能为企业的战略决策提供有力支持。因此，构建企业财会队伍管理体系应遵循以下原则。

（1）合规性原则

合规性是财会工作的基本要求，也是财会队伍管理体系构建的首要原则。企业应确保财会队伍严格遵守国家法律法规、会计准则以及行业规范，确保所有财务活动合法合规。同时，企业还应建立完善的内部控制体系，对财会工作进行监督和约束，防止财务舞弊和违规行为的现象发生。

（2）专业性原则

财会工作具有高度的专业性和技术性，因此财会队伍的人员应具备相应的专业知识和技能。企业在构建财会队伍管理体系时，应注重人员的专业素质培养，通过定期培训、考核等方式，不断提升财会人员的业务水平和综合能力。同时，企业还应建立科学的选拔机制，选拔具备专业素养和工作经验的优秀人才加入财会队伍。

（3）高效性原则

高效性是财会队伍管理体系构建的重要目标之一。企业应通过优化流程、简化手续、提高信息化水平等方式，提高财会工作的效率和质量。同时，企业还应建立有效的激励机制，激发财会人员的工作积极性和创造力，促进财会队伍的整体发展。

（4）协作性原则

财会工作涉及企业内部的多个部门和环节，需要与其他部门密切协作。因此，在构建财会队伍管理体系时，企业应注重加强各部门之间的沟通与协调，确保财会工作与其他工作的顺畅衔接。此外，企业还应鼓励财会人员积极参与企业的战略规划和决策过程，为企业的发展提供有力支持。

（5）创新性原则

随着经济的发展和技术的进步，财会工作面临着新的挑战和机遇。企业在构建财会队伍管理体系时，应注重创新思维和创新能力的培养。通过引入新的管理理念、技术手段和业务模式，推动财会工作的创新与发展，提升企业的核心竞争力。

企业财会队伍管理体系的构建应遵循合规性、专业性、高效性、协作性和创新性等原则。这些原则相互关联、相互促进，共同构成了企业财会队伍管理体系的基石。只有遵循这些原则，企业才能建立起一支高效、规范、科学的财会队伍，为企业的健康发展提供有力保障。

2. 企业财会队伍管理体系构建的思路

在现今商业环境下，一个健全的企业财会队伍管理体系对于公司的健康发展具有举足轻重的作用。这不仅涉及资金的安全、运营的效率，还关乎企业战略的顺利实施。因此，构建一套科学、高效的企业财会队伍管理体系显得尤为重要。

（1）明确管理目标

构建企业财会队伍管理体系的首要任务是明确管理目标。这些目标应该与企业的整体战略相一致，包括但不限于提高财务工作效率、降低财务风险、优化资源配置等。明确管理目标有助于为后续的体系建设提供清晰的指导方向。

（2）完善组织架构

一个合理的组织架构是财会队伍管理体系的基础。企业应根据自身规模、业务特点等因素，设立相应的财务部门，并明确各部门的职责和权限。同时，还应建立健全的内部控制体系，确保各部门之间信息畅通、协同高效。

（3）优化人才配置

人才是企业财会队伍管理体系的核心。企业应注重选拔具备专业素质、职业道德和团队协作精神的财会人员。同时，还应加强对财会人员的培训和教育，提高其业务能力和综合素质。此外，企业还应建立科学的激励机制，激发财会人员的工作热情和创新能力。

（4）强化制度建设

制度建设是财会队伍管理体系的重要保障。企业应制定完善的财务管理制度、会计核算制度、内部审计制度等，确保财会工作的规范化和标准化。同时，还应加强对制度的执行和监督，确保各项制度得到有效落实。

（5）推进信息化建设

信息化建设是提高财会工作效率的重要手段。企业应积极引进先进的财务管理软件和信息系统，实现财务数据的实时采集、处理和分析。通过信息化建设，可以提高财会工作的准确性和及时性，降低人为错误引发的风险，为企业的决策提供有力支持。

（6）建立风险评估与应对机制

在构建财会队伍管理体系时，风险评估与应对机制同样不可忽视。企业应定期对财务风险进行评估，识别潜在的风险点，并制定相应的应对措施。同时，还应建立健全的应急预案，以应对可能出现的突发情况，确保企业财务安全。

（7）加强沟通与协作

财会队伍管理体系的构建需要各部门的共同参与和协作。企业应加强财务部门与其他部门之间的沟通与协作，确保财务信息的及时传递和共享。通过加强沟通与协作，可以提高企业的整体运营效率，促进企业的健康发展。

构建企业财会队伍管理体系需要从明确管理目标、完善组织架构、优化人才配置、强化制度建设、推进信息化建设、建立风险评估与应对机制以及加强沟通与协作等方面入手。通过不断努力和完善，企业可以建立一套科学、高效、安全的财会队伍管理体系，为企业的持续发展和壮大提供有力保障。

第三节　财务管理体系的优化

一、财务管理体系优化的目标

财务管理体系优化是企业发展的重要一环，它关乎企业的生存和发展。优化财务管理体系的目标有很多，其中主要包括：建立具有全局观的财务管理体系、建立精简、高效的财务管理体系以及建立财务信息质量有保障的财务管理体系。

（一）建立具有全局观的财务管理体系

全局观的财务管理体系要求财务部门不仅要关注企业的财务状况，还要关注企业的战略规划、市场变化、竞争环境等因素。这样，财务部门才能更好地服务于企业的整体发展，提升企业的综合竞争力。

为实现这一目标，财务部门需要注意以下几点：

（1）深入了解企业业务，从业务出发，再回到财务。这样，财务部门才能更好地了解业务需求，提供精准的财务支持。

（2）强化数据分析能力，通过对企业各项财务数据的深度分析，找出业务与财务之间的联系，为企业决策提供有力支持。

（3）增强与其他部门的沟通与协作能力，实现财务与业务的无缝对接，提升企业整体运作效率。

（二）建立精简、高效的财务管理体系

精简、高效的财务管理体系可以提升企业运营效率，降低管理成本。为了实现这一目标，财务部门需要注意以下几点：

（1）优化财务管理流程，减少不必要的环节和重复工作，提升工作效率。

（2）强化信息系统建设，实现数据共享和信息交换的高效化，降低信息传递的损耗。

（3）加强财务人员的专业培训，提升他们的专业技能和工作效率，从而实现整个财务管理体系的优化。

（三）建立财务信息质量有保障的财务管理体系

财务信息质量是衡量企业财务管理水平的重要指标。为保障财务信息质量，财务部门需要注意以下几点：

（1）建立健全的内部控制体系，确保财务信息的真实性和准确性。

（2）强化内部审计工作，定期对财务信息进行审查和评估，及时发现和纠正问题。

（3）提高财务人员的职业道德水平，避免因个人原因导致的信息失真。

在实现以上目标的过程中，企业还需要注意以下几点：

（1）做好充分的准备工作，包括制定合理的优化方案、培训员工、协调资源等。

（2）建立反馈机制，及时收集和整理优化过程中的问题和建议，以便调整、优化方案。

（3）重视风险管理，确保财务管理体系的优化不会给企业带来额外的风险和损失。

财务管理体系优化的目标主要包括建立具有全局观的财务管理体系、建立精简、高效的财务管理体系以及建立财务信息质量有保障的财务管理体系。这些目标的实现需要企业从多个方面入手，包括开拓财务部门的全局视野、优化财务管理流程、强化信息系统建设、保障财务信息质量等。在实施过程中，企业还需要注意风险管理、反馈机制的建立以及员工培训等方面的工作。只有这样，才能真正实现财务管理体系的优化，为企业的发展提供有力支持。

二、财务管理体系的优化原则

财务管理体系作为企业运营的核心支撑，其优化和完善直接关系企业的经济效益和长期发展。在竞争激烈的市场环境中，构建高效、稳健的财务管理体系成为企业不可或缺的竞争优势。下面将从多个维度探讨财务管理体系的优化原则，为企业财务管理提供有益的参考。

（一）客观性原则

在当今的企业环境中，财务管理体系发挥着至关重要的作用。为了保持企业竞争力并实现持续增长，优化财务管理体系成为关键任务。在此过程中，客观性原则占有举足轻重的地位，它强调以事实为依据，不受个人偏见或主观判断的影响，确保财务决策的公正性和准确性。接下来，将详细阐述客观性原则在财务管理体系优化中的重要性，并探讨如何遵循这一原则以实现最佳效果。

1. 客观性原则的重要性

（1）公正决策：在优化财务管理体系的过程中，客观性原则确保了决策的公正性。通过收集和分析真实的财务数据，而非个人意见或偏见，我们可以更准确地评估当前体系的优势和不足之处，从而制订合理且有效的改进方案。

（2）提升透明度：遵循客观性原则意味着财务管理体系应公开、透明，让所有相关利益方了解财务状况和决策过程。这有助于企业增强信任感，降低财务风险，并提高整体运营效率。

（3）增强可信度：以客观数据为基础的财务决策更具可信度，能赢得更多利益相关者的信任。这有助于建立良好的企业形象，促进企业长期发展。

2. 遵循客观性原则优化财务管理体系的策略

（1）收集数据：以客观、系统的方式收集财务数据，确保数据的准确性和完整性。这包括定期审计、报表编制、风险评估等环节。

（2）独立评估：引入独立的评估机制，如内部审计或第三方审计，以确保财务决策的公正性和透明度。

（3）数据分析：运用数据分析工具对收集的数据进行深入挖掘，找出潜在的问题和改进空间。

（4）反馈与调整：根据数据分析结果，定期对财务管理体系进行反馈和调整。这包括制定新的政策、流程和标准，以确保财务管理体系始终适应企业发展的需要。

（5）培训与教育：加强员工对客观性原则的理解和认同，通过培训和教育提高他们的专业素养和职业道德水平。

（6）建立文化：将客观性原则融入企业文化，形成以事实为依据的决策氛围。通过宣传和教育，使全体员工认识到遵循客观性原则的重要性。

3. 遵循客观性原则的益处

（1）提高决策效率：以客观数据为依据的决策过程更高效，能更快地应对市场变化。

（2）降低财务风险：通过避免个人偏见和主观判断的失误，遵循客观性原则可以降低财务风险。

（3）提高企业竞争力：一个公正、透明的财务管理体系有助于提高企业的信誉度和市场竞争力。

（4）促进可持续发展：遵循客观性原则不仅有助于短期运营，还能为企业的长期发展奠定坚实基础。

财务管理体系优化是一个持续的过程，而客观性原则是其中不可或缺的重要原则。通过遵循这一原则，我们可以确保财务决策的公正性、透明度和可信度，从而提高企业整体运营效率和市场竞争力。在未来的企业管理中，我们应更加重视并积极应用这一原则，以实现财务管理体系的持续优化和企业的可持续发展。

（二）责任、权利与利益匹配原则

在现代企业管理中，财务管理体系起着至关重要的作用。为了确保企业财务活动的有效性和合规性，我们需要不断优化财务管理体系。在这个过程中，责任、权利与利益匹配原则是一项至关重要的原则。

1. 责任明确

在财务管理体系中，责任明确是优化体系的第一步。每个部门、每个岗位以及每个员工都需要明确自身的财务责任，了解自己在整个财务流程中扮演的角色和职责。只有当每个人都清楚自己的责任，才能确保整个财务体系的顺畅运行。同时，责任明确也有助于避免职责不清、推诿扯皮等问题的出现。

2. 权利匹配

权利匹配是指赋予承担相应责任的部门或个人与其职责相匹配的权力。在财务管理体系中，这包括审批权、决策权以及资源调配权等。只有当权利与责任相匹配时，才能确保财务活动的有效执行和决策的正确实施。同时，权利匹配也有助于激励员工积极履行职责，提高工作效率。

3. 利益一致

利益一致是指财务管理的目标与企业整体利益保持一致。在财务管理体系中，各部门、各员工的利益应与企业整体利益保持一致，以确保企业整体目标的实现。通过建立合理的利益分配机制，可以激发员工的工作积极性和创造力，提高企业的整体绩效。

在实际操作中，应用这一原则的策略如下：

（1）建立完善的财务制度：通过制定明确的财务规章制度，确保每个部门、每个岗位、每个员工的职责、权利和利益得到明确界定。

（2）优化财务流程：通过梳理和优化财务流程，确保财务活动的高效执行和决策的正确实施。

（3）建立有效的激励机制：通过建立合理的利益分配机制，激发员工的工作积极性和创造力，提高企业的整体绩效。

（4）加强内部监控：建立完善的内部监控机制，确保财务管理体系的合规性和有效性。同时，对违规行为进行严肃处理，维护财务管理体系的权威性和公正性。

责任、权利与利益匹配原则在财务管理体系优化中具有重要意义。通过明确责任、匹配权利和一致利益，可以确保财务活动的有效执行和决策的正确实施，提高企业的整体绩效。在实际操作中，应建立完善的财务制度、优化财务流程、建立有效的激励机制并加强内部监控，以实现这一原则的应用。

总之，优化财务管理体系需要我们全面考虑责任、权利与利益等因素，以确保企业财务活动的合规性和有效性。遵循责任、权利与利益匹配原则，将有助于我们建立一个高效、合规且具有竞争力的财务管理体系。

三、财务管理模式优化方案

(一) 优化财务管理模式的影响因素

企业财务管理模式的选择受企业生命周期、企业战略、企业所处市场环境等因素影响，应当在仔细分析各影响因素的基础上，对财务管理模式进行优化，从而解决企业在管理模式方面存在的问题。

(1) 企业生命周期：企业初创阶段，经营风险高，宜采用集权模式，防控经营风险。随着规模的不断扩大，竞争能力的日益提高，可以将集权模式逐渐转换为相融型财务管理体制。

(2) 企业发展战略：多元化发展战略指企业在现有业务领域基础上增加新的业务领域战略。多元化战略有利于企业实现规模经济，分散经营风险，提高企业竞争力，但也存在分散企业资源、增加管理难度和运作费用等问题。多元化发展战略要求各所属单位保持密切的业务联系，各所属单位之间业务联系越密切，就越有必要采用相对集中的财务管理模式。

(3) 企业所处市场环境：如果企业所处外部环境较为不确定，企业应当赋予下属公司比较多的管理权，使得下属公司灵活、主动和高效解决其管辖事务。相反，如果企业处于稳定的环境中，则企业总部可以适当集中财务管理权，集中力量办大事。

（二）在应聘环节加强集权、适当分权

统一财务人员应聘条件。加强项目财务人员管控，应当首先把好人才关，个人的素质与能力，是人员选聘时要重点考虑的一项重要标准，确定财务人员的任职条件。应聘人员应当满足最低学历要求，同时满足专业对口、职称与岗位匹配、专业能力过硬等要求，任何应聘财务人员或其他部门调动到财务部人员不得例外。

1. 在人员派遣、晋升和调薪等环节加强集权、适当分权

改变以前由企业总部与事业部领导对项目财务人员共同管理的模式，增强企业总部对项目财务人员的管理，被委派财务人员的招聘、劳动合同的签订、薪金确定与调整、考核绩效评价、培训等事宜以企业总部为主、事业部管理为辅，避免出现被委派人员与事业部存在长期利益关系，削弱被委派财务人员独立性。同时，在不影响企业对财务人员的管控前提下，赋予事业部领导人部分绩效考核权，让被委派财务人员多参加事业部业务培训和融入事业部工作，促进事业部业绩完成。

2. 在财务人员考核方面加强集权、适当分权

· 平衡计分卡从财务、客户、内部运营、学习与成长四个角度对企业或部门进行绩效评价，将组织的战略落实为可操作的衡量指标和目标值。建议企业采用平衡计分卡对财务管理体系进行优化。

四、财务管理流程优化方案

（一）优化财务管理流程审批权限

财务管理流程是财务管理权分配的重要体现形式，是财务会计工作的关键环节。依据"集权为主、适当分权"的财务管理模式，应当重新设计配套财务管理流程。财务管理流程审批权优化基本思路为战略性、重大事项的决策权由企业总部管理，战术性、非重大事项交由下属公司管理。这样既有利于企业总部集中精力以企业整体利益为核心进行宏观规划，又给予下属公司一定的自主权用于灵活处理管辖范围内的事务，最终使得企业与分权在企业内灵活、高效运用。另外，如果财务审批权限不明确，审批人员容易

相互推诿、拈轻怕重，申请人员不知道谁是审批人员，沟通、等待成本居高不下，因此，财务审批权限必须明确，不仅要有定性方面的界定，更要制定量化标准作为执行依据。根据合理、明确的审批权限协调部门履行应尽的职责，申请人、被申请人均有规章可依，可以保证企业内部财务工作有条不紊地开展，实现财务部门高效服务业务部门与业务部门支持财务部门的良性循环，提高作业效率。

(二) 推进财务管理流程智能化、智慧化

将企业预算、资金和报销等业务流程进行有效结合，用于集中处理企业内单位财务业务，推进财务管理流程智能化、智慧化，提高效率。财务管理流程实现智能化、智慧化后，既可以减少重复采集数据，减少业务部门和管理部门繁重工作的情况，又可以提高财务数据精度，降低财务风险。

五、财务管理系统建设方案

(一) 健全财务管理系统模块

企业财务软件应至少包含税务管理、资产管理、资金管理、合同管理、报销管理、数据分析、收款管理、付款管理、财务报表和预算管理模块。标准体系将财务制度的标准规范固化到系统中，全企业统一管控；主数据管理实现组织、科目、往来单位、项目等主数据、全企业统一维护、共享使用。同时应当与供应链、银行和税务系统有效联结，把分散在不同系统和不同模块中财务信息、业务信息汇总集中，实时高效的跨系统的数据处理能力，快速准确地响应各种分析需求。

(二) 财务管理系统采用智能化、自动化技术

这项技术指利用智能化设备对单据、手册、文字等影像进行自动识别、分析和操控的技术，这个过程基本不需要人为参与。企业采用此技术将企业的原始凭证、合同等直接扫描录入财务管理系统数据库中，减少财务人员重复性劳动，既节省时间又保证了数据准确。

(三)财务管理系统广泛使用移动设备

以手机、平板电脑为代表的移动终端应用,将为企业信息化带来巨大变革,深刻影响着财务管理系统,通过短信、语音、视频、文字转换及其他移动设备智能软件,可以方便企业员工远距离办公,摆脱空间和时间的束缚,有利于提高办公效率,促进企业快速成长。

移动应用不是在手机上运行软件那么简单,其核心是集合财务管理系统,将申请、交互、审批、审核、查询、监控等过程联结起来,用户可以通过移动设备接收财务管理系统发布的信息和提交信息反馈回公司,从而实现待办事项提醒、对待处理事项审批、已处理事项查询、处理突发事件等功能。

(四)财务管理系统具体应用

1. 税务管理

无缝连接国家税务系统,可以通过移动端 OCR 拍照或扫码等多种方式,对发票种进行自动识别与查重验真,为企业打造票、税一体化解决方案和平台,实现税务管理的流程化以及规范化,满足企业内部税务管理要求,通过税务管理平台集中管控,实现销项发票系统直连一键开票、库存管理,进项发票验伪、销项发票批量开具、发票台账编制,规避企业税务风险。

2. 资产管理

资产管理、使用和价值核算部门或人员,均可以在权限内登录资产管理模块,资产的购买、调拨、报废由资产管理部门负责,资产的使用、保管由使用人负责,资产的账面价值、折旧摊销、减值核算由财务部门登记。

3. 资金管理

一方面,根据企业个性化情况量身定做网上银行与财务管理系统接口,操作员在权限内可以通过企业财务系统,实时查询银行账户资金、转账支付等各项业务,减少财务人员手工操作,降低错误率。另一方面,系统具有自动生成付款单、自动资金归集和自动对账功能相互连接,提高资金利用率,提升工作效率。

4. 合同管理

集订单、收货、退货等流程于一体,可以满足采购商查看和管理与其相关合同或协议内容。登记公司收付款合同的订立机构、合同金额、结算信息、付款比例、执行进度等合同信息，实现对合同执行的全面跟踪和管控。

5. 报销管理

①从业务逻辑与范围上，打通"消费—报销—记账"全流程，具有费用申请、票据采集、费用审核、报销款支付、记账、分析等功能，实现全流程费用管理。②产品功能配置灵活。支持自定义配置审批流程、表单模板、预算、报销标准、报销额度、费用类别、成本中心、项目、供应商和客户等，便于系统快速上线运行，适应复杂流程审批规则。可按照年份、季度、月份，成本中心、项目、部门、员工及费用类别等维度编制和调整预算，支持全费用类别的报销标准控制，并可对员工的报销额度进行管控。

6. 预算管理

在业务审批中，对预算总额、预算分项指标进行预警型控制；自动获取预算执行数，接近预算额度时预警；分析年度财务各主要指标的完成情况，根据预算数据、实际执行数据识别年度预算执行偏差，查找偏差原因。同时，全面预算管理也是企业精细化管理可量化平台，系统存储项目全周期的预算数据，各部门可在权限内在系统上跨部门查询各种业务数据，实现信息共享，发挥协作作用，杜绝手工传递带来的误差。

7. 财务报表

企业通过报表可实时钻取科目汇总表、明细账等，并根据查询结果层层追溯到各层级单位。企业单位在一个账套内集中核算，形成企业"一本账"，当内部交易业务发生时双方自动对账形成上级单位的合并账，通过抵销模板，实现内部业务抵销、合并账查询。企业公司出具合并报表无须依赖各单位财务人员报送，而是通过财务报表模块实时提取数据，一键式生成报表，内部抵销明细清晰可查。

8. 收款流程

在业务系统、发票系统和财务系统的循环控制中完成收入控制、发票控制、收款的全过程。通过业务数据系统间的自动传递控制，实现企业收入的实时有效管控。管理与客户相关的开票、预收款、应收款、实收款信息。自动编制应收台账、客户往来明细账、汇总账。

9.应付流程

与税务系统连接可保证发票的真实性，通过业财数据匹配、对接银行系统来保障每一笔付款安全，还可以将常规且频繁发生的支付集中到系统中，通过岗位隔离避免重复或遗漏支付风险。

10.数据分析

抽取、转换和加载核心应用层数据，实现财务信息既可以以仪表盘、柱状图等图表形式，又可以以表格、文字等形式呈现给客户，财务数据可以按项目、公司、员工类别、员工名字、收入类别和费用类别等多维度展示。支持多种分析模型，包含收入分析、成本分析、最优进货量、风险分析、偿债能力分析、运营能力分析、盈利能力分析、发展能力分析和账龄分析等。支持穿透或钻取功能，不仅可以实现从"报表—账本—凭证"的逐级钻取，又可以实现从"凭证—账本—报表"的逐级查询，方便数据使用人了解数据的具体来源。

财务管理系统对跨地域、多组织和多业务特征的企业型企业，提供预算管理、报销管理、资金管理、数据分析等端到端服务，全方位实现财务管理的全面信息化和共享服务化，帮助企业节约成本、提高效率。

六、财务考核机制优化方案

随着企业的发展，财务考核机制的优化变得越来越重要。一个良好的财务考核机制可以帮助企业更好地控制成本、提高效率、增强风险控制能力，从而实现企业的可持续发展。下面将提出一些财务考核机制优化的方案，以供参考。

(一) 财务考核责任认定优化

财务考核责任认定是财务考核机制的基础，需要明确各级财务人员的职责和权限，确保财务考核工作的有效性和公正性。具体措施如下：

（1）建立财务考核责任制，明确各级财务人员的职责和权限，确保责任到人。

（2）制定详细的考核标准和流程，确保财务考核工作的规范化。

（3）定期进行财务考核工作评估，及时发现问题并采取相应措施进行整改。

(二) 财务考核目标值优化

财务考核目标值的设定需要结合企业实际情况，既要考虑企业的战略目标，又要考虑企业的经济环境。具体措施如下：

(1) 设定合理的财务考核目标值，确保企业财务状况的稳定性和可持续性。

(2) 根据企业不同发展阶段和业务特点，适时调整财务考核目标值，以适应企业发展的需要。

(3) 建立财务考核目标值预警机制，及时发现并解决潜在风险。

(三) 财务考核指标权重优化

财务考核指标权重设置需要综合考虑企业的实际情况和业务特点，既要考虑财务指标，又要考虑非财务指标。具体措施如下：

(1) 根据企业实际情况和业务特点，设置合理的财务考核指标体系，包括财务指标和非财务指标。

(2) 针对不同的指标设置不同的权重，确保财务考核工作的全面性和客观性。

(3) 定期评估财务考核指标权重设置是否合理，并根据实际情况进行调整。

以下是一些具体的优化方案：

(1) 引入第三方审计机构对企业的财务状况进行审计，以确保财务数据的真实性和准确性。

(2) 建立财务风险预警机制，及时发现并解决潜在的财务风险。

(3) 引入员工满意度等非财务指标，以全面评估企业的运营状况和员工的工作满意度。

(四) 强化财务考核结果的应用

为了确保财务考核机制的有效性，需要强化财务考核结果的应用。具体措施如下：

（1）将财务考核结果与员工绩效、晋升等挂钩，激励员工积极参与财务管理工作。

（2）对表现优秀的员工给予一定的奖励和表彰，树立榜样，激发员工的积极性和创造力。

（3）将财务考核结果与业务合作方的选择、合同签订等环节相结合，确保企业的利益不受损害。

总之，优化财务考核机制是一个持续的过程，需要不断总结经验、完善制度、优化流程，以确保企业财务状况的稳定性和可持续发展。同时，企业也需要根据实际情况对财务考核机制进行调整和改进，以适应不断变化的市场环境和企业发展需求。

七、财务管理体系优化的保障措施

（一）组织保障

财务管理体系优化是一项系统性的工作，需要多方面的保障措施来确保其顺利实施。其中，组织保障是其中最为关键的一环。下面将从优化组织架构和优化组织分工两个方面，阐述财务管理体系优化的保障措施。

1. 优化组织架构

（1）明确财务管理体系的目标和职责

在优化组织架构之前，首先要明确财务管理体系的目标和职责。只有明确了目标，才能有针对性地进行组织架构的优化，同时，也能够更好地明确各个部门和岗位的职责。

（2）建立扁平化、专业化的组织结构

传统的财务管理体系通常存在着层级多、效率低、信息传递失真等问题。因此，优化组织架构的关键在于建立扁平化、专业化的组织结构。通过减少管理层级，提高决策效率和执行力。同时，要注重专业化的分工，确保各个部门和岗位都能够专注于自己的领域，提高工作效率和质量。

（3）设立专门的财务管理部门或团队

为了更好地推动财务管理体系优化工作，可以设立专门的财务管理部门或团队。该部门或团队应该具备较高的专业素质和管理能力，能够独立地开展工作，同时也能够与其他部门进行有效的沟通和协作。

2. 优化组织分工

（1）合理分配工作任务

在优化组织分工的过程中，要根据各个部门和岗位的职责和特点，合理分配工作任务。确保各个部门和岗位都能够充分发挥自己的优势，提高工作效率和质量。

（2）建立有效的沟通机制

有效的沟通机制是优化组织分工的重要保障。各个部门和岗位之间应该建立良好的沟通渠道和协作机制，以确保信息传递的及时性和准确性。同时，要注重跨部门的协作和配合，提高整体的工作效率和质量。

（3）加强人才培养和引进

财务管理体系优化需要高素质的人才队伍作为支撑。因此，要注重人才的培养和引进，不断提高财务人员的专业素质和管理能力。同时，要积极引进外部优秀人才，为财务管理体系优化提供更多的支持。

财务管理体系优化是一项系统性的工作，需要多方面的保障措施来确保其顺利实施。其中，组织保障是最为关键的一环。通过明确财务管理体系的目标和职责、建立扁平化和专业化的组织结构、设立专门的财务管理部门或团队、合理分配工作任务、建立有效的沟通机制、加强人才培养和引进等措施，可以为财务管理体系优化提供有力的保障。

（二）制度保障

财务管理是企业管理中至关重要的一环，良好的财务管理体系能够为企业带来更多的效益。然而，在实际操作中，许多企业却面临着财务管理体系不完善、效率低下等问题。为了解决这些问题，企业需要采取一系列保障措施，其中制度保障是最为关键的一环。下面将详细介绍制度保障在财务管理体系优化中的重要性、具体措施以及实施效果。

1. 制度保障的重要性

制度保障是指通过建立完善的财务管理制度，确保财务管理的规范化和标准化，从而降低财务风险，提高财务管理效率。在财务管理体系优化中，制度保障的作用主要体现在以下方面。

（1）规范财务管理流程：通过制定明确的财务管理规章制度，规范财务人员的操作行为，确保财务信息的准确性和完整性。

（2）降低财务风险：制度保障能够有效地降低财务风险的发生，减少企业的经济损失。

（3）提高财务管理效率：制度保障能够使财务人员更加专注于核心业务，提高财务管理的效率和质量。

2. 具体措施

为了实现制度保障在财务管理体系优化中的作用，企业可以采取以下具体措施。

（1）建立健全财务管理制度：根据企业的实际情况，制定完善的财务管理规章制度，明确财务管理的范围、职责、流程等。

（2）严格执行财务规章制度：加强财务规章制度的宣传和培训，确保财务人员熟悉并遵守相关规定。同时，要加强对财务人员的工作监督和考核，确保制度的有效执行。

（3）引入信息化管理工具：借助信息化管理工具，实现财务数据的自动化处理和报告，提高财务管理效率和质量。

（4）定期评估和调整制度：根据企业发展的实际情况，定期评估财务管理制度的执行情况，并及时调整和完善相关制度，确保其适应企业的发展需求。

3. 实施效果

通过以上措施的实施，制度保障在财务管理体系优化中可以取得以下效果：

（1）规范了财务管理流程，降低了财务风险。

（2）提高了财务管理的效率和质量，提升了企业的竞争力。

（3）提高了财务人员的专业素质和工作积极性，促进了企业的整体发展。

（4）增强了企业与外部利益相关者的信任关系，为企业的长期发展奠定了基础。

总之，制度保障是财务管理体系优化的关键措施之一。通过建立健全财务管理制度、严格执行财务规章制度、引入信息化管理工具以及定期评估和调整制度等措施，可以有效地规范财务管理流程、降低财务风险、提高财务管理效率和质量，从而促进企业的整体发展。

(三) 人力保障

在优化财务管理体系的过程中,我们不仅需要考虑技术和工具方面的创新,更需要重视人力资源在其中扮演的角色。下面将探讨如何通过人力保障措施来确保财务管理体系优化的成功实施。

1. 明确财务管理目标与战略

首先,我们需要明确财务管理体系优化的目标,并制定相应的战略。这包括明确财务管理的核心任务,如提高资金使用效率、降低财务风险、优化财务结构等。在战略制定过程中,要确保团队成员充分了解目标,并在执行过程中对其进行监督和调整。

2. 提升财务管理团队能力

财务管理团队是实施财务管理体系优化的主体力量。为确保团队成员具备所需的专业技能和知识,我们需要定期对其进行培训和知识更新。这包括提供财务管理的最新理论和实践,以及如何运用新技术工具和方法。此外,我们还应鼓励团队成员参加专业认证考试,提升自身竞争力。

3. 建立有效的沟通机制

有效的沟通机制是优化财务管理体系的重要保障。团队成员之间应保持信息畅通,及时交流财务数据和信息,确保决策的透明度和准确性。此外,我们还需建立跨部门沟通机制,加强与其他部门之间的协作,共同推动财务管理体系的优化。

4. 建立科学的激励机制

科学的激励机制可以激发团队成员的积极性和创造力,为财务管理体系优化提供动力。我们可以通过设定合理的绩效指标、提供晋升机会、实施奖励制度等方式,激励团队成员更好地履行职责。此外,我们还可以引入外部竞争机制,激励团队成员不断提升自身能力和素质。

5. 定期评估与调整

为了确保财务管理体系持续优化,我们需要定期评估和调整相关措施。这包括对财务管理体系运行情况进行监测和分析,发现问题及时进行调整。同时,我们还应关注行业发展趋势和新技术应用,不断更新优化方案,以适应市场变化和业务需求。

第三章 会计核算及其完善措施

第一节 会计核算的基本概念

一、会计核算概述

(一) 定义

会计核算是指以货币为主要计量单位，通过确认、计量、记录和报告等环节，对特定主体的经济活动进行记账、算账和报账，为相关会计信息使用者提供决策所需的会计信息。

《会计法》第9条规定：各单位必须根据实际发生的经济业务事项进行会计核算、填制会计凭证、登记会计账簿、编制财务会计报告，任何单位不得以虚假的经济业务事项或者资料进行会计核算。

会计核算贯穿于经济活动的整个过程，是会计最基本和最重要的职能，又叫反映职能。记账是指对特定主体的经济活动采用一定的记账方法，在账簿中进行登记，反映在账面上；算账是指在日常记账的基础上，对特定主体一定时期内的收入、费用、利润和某一特定日期的资产、负债、所有者权益进行计算，以算出该时期的经营成果和财务状况；报账就是在算账的基础上，将特定会计主体的财务状况、经营成果和现金流量情况，以会计报表的形式向有关各方报告。

(二) 方法

会计核算方法是对会计对象（会计要素）进行完整的、连续的、系统的反映和监督所应用的方法，主要包括以下七种。

1. 设置会计科目

设置会计科目是对会计对象的具体内容分类进行核算的方法。所谓会计科目，就是对会计对象的具体内容进行分类核算的项目。设置会计科目就是在设计会计制度时事先规定这些项目，然后根据它们在账簿中开立账户，分类地、连续地记录各项经济业务，反映由于各经济业务的发生而引起的各会计要素的增减变动情况和结果，为经济管理提供各种类型的会计指标。

2. 复式记账

复式记账是与单式记账相对称的一种记账方法。这种方法的特点是对每一项经济业务都要以相等的金额，同时记入两个或两个以上的有关账户。通过账户的对应关系，可以了解有关经济业务内容的来龙去脉，通过账户的平衡关系，可以检查有关业务的记录是否正确。

3. 填制审核凭证

会计凭证是记录经济业务、明确经济责任的书面证明，是登记账簿的依据。凭证必须经过会计部门和有关部门审核。只有经过审核并认为正确无误的会计凭证，才能作为记账的根据。填制和审核会计凭证，不仅为经济管理提供真实可靠的数据资料，也是实行会计监督的一个重要方面。

4. 登记账簿

账簿是用来全面、连续、系统地记录各项经济业务的簿籍，是保存会计数据资料的重要工具。登记账簿就是将会计凭证记录的经济业务、序时、分类地记入有关簿籍中设置的各个账户。登记账簿必须以凭证为依据，并定期进行结账、对账，以便为编制会计报表提供完整而系统的会计数据。

5. 成本计算

成本计算是指在生产经营过程中，按照一定对象归集和分配发生的各种费用支出，以确定该对象的总成本和单位成本的一种计算方法。通过成本计算，可以确定材料的采购成本、产品的生产成本和销售成本，可以反映和监督生产经营过程中发生的各项费用是否节约或超支，并据以确定企业经营盈亏。

6. 财产清查

财产清查是指通过盘点实物、核对账目，保持账实相符的一种方法。通过财产清查，可以查明各项财产物资和货币资金的保管和使用情况，以及往来款项的结算情况，监督各类财产物资的安全与合理使用。在清查中如发现财产物资和货币资金的实有数与账面结存数额不一致，应及时查明原因，通过一定审批手续进行处理，并调整账簿记录，使账面数额与实存数额保持一致，以保证会计核算资料的准确性和真实性。

7. 编制会计报表

会计报表是根据账簿记录定期编制的、总括反映企业和行政事业单位特定时点（月末、季末、年末）和一定时期（月、季、年）财务状况、经营成果以及成本费用等的书面文件。会计报表提供的资料，不仅是分析考核财务成本计划和预算执行情况及编制下期财务成本计划和预算的重要依据，也是进行经济决策和国民经济综合平衡工作必要的参考资料。上述各种会计核算方法相互联系、密切配合，构成了一个完整的方法体系。在会计核算方法体系中，就其工作程序和工作过程来说，主要是三个环节：填制和审核凭证、登记账簿和编制会计报表。在一个会计期间，所发生的经济业务，都要通过这三个环节进行会计处理，将大量的经济业务转换为系统的会计信息。这个转换过程，即从填制和审核凭证到登记账簿，直至编出会计报表周而复始的变化过程，就是一般称谓的会计循环。其基本内容：经济业务发生后，经办人员要填制或取得原始凭证，经会计人员审核整理后，按照设置的会计科目，运用复式记账法，编制记账凭证，并据以登记账簿；要依据凭证和账簿记录对生产经营过程中发生的各项费用进行成本计算，并依据财产清查对账簿记录加以核实，在保证账实相符的基础上，定期编制会计报表。

会计核算是会计工作的基础，会计核算必须遵守《中华人民共和国会计法》和有关财务制度的规定，符合有关会计准则和会计制度的要求，力求会计资料真实、正确、完整，保证会计信息的质量。《中华人民共和国会计法》明确规定，下列事项必须办理会计手续，进行会计核算：

（1）款项和有价证券的收付；

（2）财物的收发、增减和使用；

（3）债权债务的发生和结算；

（4）基金的增减和经费的收支；

（5）收入、费用、成本的计算；

（6）财务成果的计算和处理；

（7）其他需要办理会计手续、进行会计核算的事项。

（三）核算的形式

现代会计的核算职能不仅仅是对经济活动进行事后反映，还包括事前核算、事中核算和事后核算。

事前核算的主要形式是进行预测，参与计划，参加决策。

事中核算的主要形式是干预经济活动。

事后核算的主要形式是记账、报账、算账。

（四）会计核算的质量要求

会计信息是会计核算的成果，它通过编制财务会计报告提供给信息使用者。《企业会计准则——基本准则》第二章规定了会计信息质量要求，共八条，即客观性原则、相关性原则、明晰性原则、可比性原则、实质重于形式原则、重要性原则、谨慎性原则和及时性原则。现分述如下：

（1）可靠性。它是指企业应当以实际发生的交易或者事项为依据进行会计确认、计量和报告，如实反映符合确认和计量要求的各项会计要素及其他相关信息，保证会计信息真实可靠、内容完整。要求会计核算资料所反映的财务状况和经营成果，必须是完全真实的、正确的、全面的。

（2）相关性。相关性原则是指企业提供的会计信息应当与财务会计报告使用者的经济决策需要相关，有助于财务会计报告使用者对企业过去、现在或者未来的情况作出评价或者预测。随着企业经营机制的转换，企业所有权与经营权分离，所有权属于投资者，经营权属于企业本身。

（3）可理解性。明晰性原则是指企业提供的会计信息应当清晰明了，便于财务会计报告使用者理解和使用。这一原则对于会计信息的使用者来说至关重要，所以会计信息应尽量做到通俗易懂，简单明了，对重要的经济业务，在报告时还应用规范的文字加以说明，便于经营决策。

（4）可比性。可比性原则是指同一企业不同时期发生的相同或者相似的交易或者事项，应当采用一致的会计政策，不得随意变更。确需变更的，应当在附注中说明。不同企业发生的相同或者相似的交易或者事项，应当采用规定的会计政策，确保会计信息口径一致、相互可比。这个原则对会计信息质量有两方面的要求：一方面是同一企业在不同会计期间的会计资料的计算和处理方法应前后一致。这是因为对同一类会计事项，可能有几种不同的计算和处理方法，用不同的方法计算和处理同一类会计事项，就可能得出不同的结果，这会对企业财务状况和经营成果产生不同的影响，会计指标在不同的会计期间就会前后缺乏可比性。这就要求企业结合本身具体情况选用一种方法后，就应始终一贯地使用下去，不宜时常变更。但这也只是要求在一定时期内相对稳定，不是绝对不能变动，如必须变动，应在财务情况说明书中加以说明，便于信息使用者分析、比较。另一方面是不同企业对相同或者相似的交易或者事项，应当采用规定的会计准则，从而确保会计信息口径一致、相互可比。这样就能保证不同所有制、不同部门、不同行业之间提供的会计指标口径一致，相互可比。满足国家综合平衡和加强企业经营管理的需要。

（5）实质重于形式。实质重于形式原则是指企业应当按照交易或者事项的经济实质进行会计确认、计量和报告，不应仅以交易或者事项的法律形式为依据。比如，以融资租赁方式租入的固定资产，虽然从法律形式上来讲，企业并不拥有其所有权，但是由于租赁合同中规定的租赁期较长，租赁期结束时，承担企业有优先购买该资产的选择权，在租赁期内承租企业有权支配资产并从中受益，所以，从经济实质来看，企业能够控制其创造的未来经济利益，在会计核算上将以融资租赁方式租入的固定资产视为企业的资产。

（6）重要性。重要性原则是指企业提供的会计信息应当反映与企业财务状况、经营成果和现金流量等有关的所有重要交易或者事项。这条原则要求企业对于那些重要的经济业务，应分别核算，单独反映，力求准确，并在财务报告中做重点说明。对于次要的会计事项可适当简化处理。重要性是一个相对概念，它与企业规模大小、企业性质都有一定的关系。由于严格的会计程序和详细的会计处理手续是费力且花钱的，因此在会计数据上区分重要与不重要，对不重要的事项允许做例外的灵活处理，是为了遵循"利益＞成本"的原则，避免会计处理得不偿失，提高核算的经济效果。

（7）谨慎性。谨慎原则也称稳健性原则，是指企业对交易或者事项进行会计确认、计量和报告应当保持应有的谨慎，不应高估资产或者收益、低估负债或者费用。也就是说会计必须对预计收益和损失实事求是地认定，绝不能草率行事。要求企业必须采用谨慎性原则以对人民负责的态度，慎重处理可能发生的收益和损失，以保证会计所提供的数据真实可靠，绝不允许借

"谨慎"之名。弄虚作假，少计收益，多计损失，偷漏税收，将谨慎性原则作为隐瞒利润，调节盈利水平的手段。

（8）及时性。及时性原则是指企业对于已经发生的交易或者事项，应当及时进行会计确认、计量和报告，不得提前或者延后。日常发生的会计事项，及时处理是至关重要的，只有及时进行确认、计量和报告，才能及时提供各种会计指标，有利于有关部门迅速发现经营管理中的问题，及时采取改进经营管理的措施。否则，时过境迁，补救无方，会计将失去其在经营管理中应有的作用。

（五）特点

会计核算是会计的基本环节，会计的特点主要体现在会计核算方面，它有三个基本特点：

1. 以货币为主要计量尺度，具有综合性

会计要反映和监督会计内容，需要运用多种计量尺度，包括实物尺度（如公斤、吨、件等）、劳动尺度（如工时、工日等）和货币尺度。其中，以货币尺度为主。实物尺度和劳动尺度能够具体反映各项财产、物资的增减变动和生产过程中的劳动消耗，对核算和经济管理都是必要的，但这两种尺度都不能综合反映会计的内容，而综合是会计内容的一个主要特点。会计以货币作为综合计量尺度，通过会计的记录就可以全面地、系统地反映和监督企业、行政单位和事业单位的财产物资、财务收支、生产过程中的劳动消耗和成果，并计算出最终财务成果。所以，在会计核算这一过程中已经运用了实物尺度和劳动尺度进行记录，还必须以货币尺度综合地加以反映。

2. 会计核算具有完整性、连续性和系统性

会计对经济业务的核算必须是完整、连续和系统的。所谓完整是指会计核算对属于会计内容的全部经济业务都必须加以记录，不允许遗漏其中的任何一项。所谓连续是指对各种经济业务应按其发生的时间，不间断地进行记录和核算。所谓系统是指对各种经济业务要进行分类核算和综合核算，并对会计资料进行加工整理，以取得系统的会计信息。

3. 会计核算要以凭证为依据，并严格遵循会计规范

会计记录和会计信息讲求真实性和可靠性，这就要求企业、行政单位

和事业单位发生的一切经济业务，都必须取得或填制合法的凭证，以凭证为依据进行核算。在会计核算的各个阶段都必须严格遵循会计规范，包括会计准则和会计制度，以保证会计记录和会计信息的真实性、可靠性和一致性。

二、会计核算的重要性：企业稳健发展的基石

在当今的商业环境中，会计核算是企业运营不可或缺的一部分。会计核算不仅关系到企业内部的财务管理，还直接影响着企业的战略决策、风险控制和未来发展。因此，深入理解会计核算的重要性，对于企业的稳健发展具有至关重要的意义。

会计核算能够确保企业财务信息的准确性和真实性。通过严格的会计制度和核算流程，企业能够全面、系统地记录和反映其经济活动，确保财务数据的准确性。这为企业提供了真实可靠的财务信息，有助于管理层做出明智的决策。同时，准确的会计核算还能够提升企业的信誉度，增强投资者和合作伙伴的信心。

会计核算有助于企业实现有效的成本控制和预算管理。通过核算过程中的成本分析和预算执行情况评估，企业能够及时发现成本超支或预算不足的问题，并采取相应的措施进行调整。这有助于企业优化资源配置，提高经济效益，实现可持续发展。

会计核算还是企业进行风险管理和内部控制的重要手段。通过对财务数据的核算和分析，企业能够识别潜在的经营风险，并制定相应的风险防范措施。同时，会计核算还能够帮助企业建立健全的内部控制体系，规范企业的业务流程，降低内部舞弊和错误发生的可能性。

会计核算在企业的战略决策中发挥着重要作用。通过对财务数据的深入挖掘和分析，企业能够了解自身的经营状况、市场地位和竞争优势，为制定发展战略提供有力支持。此外，会计核算还能够为企业提供有关行业趋势和市场变化的信息，有助于企业把握市场机遇，应对挑战。

会计核算在企业的运营和发展中具有不可替代的重要性。企业应充分认识到会计核算的价值，加强会计核算工作的规范化、专业化和信息化水平，为企业的稳健发展奠定坚实基础。

第二节　会计核算的基本流程

　　会计核算的各种方法是相互联系、密切配合的，构成一个完整的方法体系。在会计核算工作中，必须正确地运用这些方法：对于日常发生的经济业务，要填制和审核凭证，按照规定的会计科目进行分类核算，并运用复式记账法记入有关账簿；对于经营过程中发生的各项费用，应当进行成本计算；一定时期终了，通过财产清查，核实账簿记录，在账证相符、账账相符、账实相符的基础上，根据账簿记录，编制会计报表。在七种会计核算方法的内在联系中，填制和审核凭证、登记账簿和编制报表是三个主要的、连续的环节。

一、设置会计科目

　　在企业的日常运营中，会计核算起着至关重要的作用。它不仅是企业经济活动的记录者，更是企业决策的重要依据。而设置会计科目，则是会计核算流程中的第一步，也是至关重要的一步。

　　设置会计科目，是根据会计对象的具体内容和经济管理的要求，规定分类核算的项目，以便在账簿中据以开设账户，记录和积累所需要的核算资料。设置会计科目对于正确运用填制凭证、登记账簿和编制报表等核算方法，都具有重要的意义。

　　会计科目，是会计核算的基础元素，用于分类和记录企业的经济业务。设置合理的会计科目，能够准确反映企业的经济活动，提供有用的会计信息，有助于企业做出正确的决策。

　　设置会计科目的基本原则包括：相关性原则，即会计科目应与企业经济活动密切相关；明晰性原则，即会计科目的名称和定义应清晰明了，避免歧义；稳定性原则，即会计科目设置后应保持相对稳定，避免频繁变动；灵活性原则，即会计科目应能适应企业经济活动的变化，具有一定的灵活性。

　　在设置会计科目时，需要考虑到企业的实际情况和需求。首先，应明确企业的业务类型和范围，根据业务特点设置相应的会计科目。例如，制造企业需要设置与生产成本、销售收入等相关的会计科目；服务企业则需要设置与服务费用、劳务收入等相关的会计科目。其次，需要考虑到企业的规模和发展阶段。不同规模和发展阶段的企业，其经济活动的复杂性和特点也会有所不同，因此，需要设置不同层次的会计科目，以满足核算和管理的需求。

设置完会计科目后，需要对其进行定期的审查和调整。随着企业的发展和市场环境的变化，原有的会计科目可能无法满足新的核算需求，因此需要及时进行调整和优化。此外，还需要确保会计科目的准确性和一致性，避免出现错误和矛盾的情况。

设置会计科目是会计核算的基本流程之一，对于确保会计核算的准确性和有效性具有重要意义。企业应根据自身的实际情况和需求，合理地设置会计科目，并定期进行审查和调整，以适应不断变化的经济环境和企业发展需求。

二、复式记账

在财务管理和会计实践中，复式记账是一种核心的、基础的记账方法。它不仅确保了财务数据的准确性和完整性，还提高了财务管理的透明度和效率。下面将详细阐述复式记账的基本概念、操作流程以及其在会计核算中的重要性和优势。

复式记账，又称为双重记账法，是一种通过记录每一笔交易的两个或多个方面来确保账目平衡的会计方法。这意味着，每发生一笔交易，至少有两个账户会受到影响，一个账户会增加，而另一个账户会减少。这种记账方式确保了会计信息的准确性和可靠性，因为它强制性地要求每一笔交易都得到完整的记录和反映。采用复式记账法，既可以通过账户的对应关系了解有关经济业务的全貌，又可以通过账户的平衡关系检查有关经济业务的记录是否正确。因此，此法是一种比较完善、科学的记账方法，为世界各国所普遍采用。目前我国企业会计记账统一采用借贷记账法。

复式记账的基本流程包括以下几个步骤。

首先，确定交易类型及其影响账户。这是复式记账的第一步，也是最重要的一步。会计人员需要仔细分析每一笔交易，确定其影响到的账户类型，如资产、负债、所有者权益、收入或费用等。

其次，进行记账。根据确定的交易类型及其影响账户，会计人员会在相应的账户中进行记账。这通常涉及在会计账簿或会计软件中录入交易信息，如交易日期、交易金额、交易对象等。

再次，试算平衡。复式记账的一个重要特点就是账目必须平衡。在每一笔交易记账后，会计人员需要进行试算平衡，即检查所有账户的总金额是否相等。如果不等，说明记账有误，需要进行调整。

最后，编制财务报表。复式记账的最终目标是编制准确、完整的财务报表。通过复式记账，会计人员可以生成资产负债表、利润表、现金流量表等财务报表，为企业的决策提供有力的财务支持。

复式记账在会计核算中的重要性不言而喻。它不仅可以确保会计信息的准确性和完整性，还可以提供清晰的财务状况和经营成果视图，有助于企业做出正确的决策。此外，复式记账还有助于揭示和防止财务舞弊，提高财务管理的透明度和公信力。

同时，复式记账也具有显著的优势。它提高了会计工作的时效性和准确性，降低了人为错误的风险。此外，通过复式记账，企业可以更好地了解和控制其财务状况，进而优化资源配置，提升其经济效益。

然而，复式记账也要求会计人员具备较高的专业素养和严格的职业道德。他们需要准确理解每一笔交易的经济实质，正确判断其影响账户，确保记账的准确性和完整性。同时，他们还需要遵守相关的会计准则和法规，确保会计信息的合法性和合规性。

三、填制和审核凭证

会计凭证是登记账簿的依据。对于已经发生或已经完成的经济业务，都要由经办人员或有关单位填制凭证，并签名盖章。

在会计的日常工作中，会计核算是一项至关重要的任务，它涉及企业经济活动的各个方面，以确保财务状况的准确和合规。而在这一过程中，填制和审核凭证则是会计核算的基础和核心环节。下面将深入探讨这两个步骤的内涵及其在会计核算中的作用。

(一) 填制凭证

填制凭证是会计核算的第一步，也是整个核算流程的基础。凭证是记录经济业务发生或完成情况，明确经济责任，并作为记账依据的书面证明。因此，填制凭证的准确性和完整性直接关系到后续核算工作的质量和效率。

按照填制凭证的程序和用途，会计凭证分为原始凭证和记账凭证。原始凭证，是在经济业务发生时取得或填制的，用以记录和证明经济业务的发生或完成情况的原始证据。记账凭证，是会计人员根据审核后的原始凭证或汇总原始凭证，按照经济业务的内容加以归类，并据以确定会计分录而填制的，作为登记账簿依据的凭证。

在填制凭证时，会计人员需要按照企业会计制度的规定，依据原始单据和相关的经济业务信息，详细记录每一笔经济业务的内容、金额、日期、相关科目等要素。同时，还要保证凭证的编号连续、清晰，以便于后续的查找和管理。

（二）审核凭证

会计凭证的审核，主要是对各种原始凭证的审核。各种原始凭证，除由经办业务的有关部门审核以外，最后要由会计部门进行审核。审查的内容：一是所记录的经济业务的合法性；二是凭证填写的内容是否符合规定的要求。记账凭证的审核，实际上也是对原始凭证的审核。主要是审核凭证的填制是否符合规定的要求。

审核凭证是会计核算的关键环节，对保证会计核算的准确性和合法性具有重要意义。凭证的审核主要由具备相应职责的会计人员进行，其目的是对填制好的凭证进行逐项审查，确保其真实、合法、合规。

在审核凭证时，会计人员需要重点关注以下方面：一是凭证的基本要素是否齐全，包括日期、摘要、金额、附件等；二是凭证的经济业务内容是否真实、合理，是否符合企业经济活动的实际情况；三是凭证的会计处理是否正确，包括科目选择、金额计算等；四是凭证是否合法合规，包括是否违反相关法律法规和企业内部制度。

通过严格的审核，可以及时发现和纠正凭证中存在的问题，确保会计核算的准确性和合规性。同时，审核凭证也是内部控制的重要组成部分，可以有效防止财务舞弊和违规行为的发生。

总之，填制和审核凭证是会计核算的基础和关键环节，二者相辅相成、缺一不可。在实际工作中，会计人员应严格按照规定的流程和要求进行操作，确保凭证的准确性和合规性，为企业的财务管理提供有力支持。同时，企业也应加强对会计人员的培训和管理，提高其业务水平和责任意识，确保会计核算工作的质量和效率。

四、登记账簿

会计核算是企业财务管理中的重要环节，旨在确保企业经济活动的准确记录和财务报告的可靠性。其中，登记账簿是会计核算的基本流程之一，具有承上启下的关键作用。下面将详细阐述登记账簿的基本流程及其重要性。

(一) 登记账簿的基本概念

账簿是用来全面、连续、系统地记录各项经济业务的簿籍，也是保存会计数据资料的重要工具。登记账簿是会计核算中的一项基础工作，它是指按照会计科目分类，将企业经济活动所产生的原始凭证进行整理、分类和记录的过程。通过登记账簿，可以清晰地反映企业的财务状况和经营成果，为企业的决策提供有力的数据支持。

登记账簿必须以经过审核的凭证为依据；同时按照规定的会计科目分设账户，把所有的经济业务分别记入有关账户；并定期进行结账、计算和累计各项核算指标；还要定期核对账目，使账实保持一致。账簿提供的各种数据资料，是编制会计报表的主要依据。

(二) 登记账簿的基本流程

1. 收集原始凭证

原始凭证是企业经济活动的直接记录，如发票、收据、银行对账单等。在进行登记账簿之前，会计人员需要收集并整理这些原始凭证，确保其真实、完整和合法。

2. 审核原始凭证

审核原始凭证是确保会计核算准确性的关键环节。会计人员需要对收集到的原始凭证进行认真审查，核实其真实性、合规性和完整性。对于不符合规定的凭证，应予以退回或要求更正。

3. 编制记账凭证

根据审核无误的原始凭证，会计人员需要编制记账凭证。记账凭证是会计核算的基本依据，它详细记录了企业经济活动的会计科目、金额和摘要等信息。

4. 登记账簿

在编制好记账凭证后，会计人员需要按照会计科目分类，将记账凭证上的信息登记到相应的账簿，如总账、明细账、日记账等不同类型的账簿。登记账簿时，需要确保数据准确、字迹清晰，并遵循相关会计准则和制度。

5. 核对与试算平衡

登记完账簿后，会计人员需要进行核对与试算平衡工作。核对主要是检查账簿记录是否与记账凭证一致，有无漏记、错记等情况。试算平衡则是通过编制试算平衡表，检查所有账户借方和贷方发生额是否相等，以验证账簿记录的正确性。

（三）登记账簿的重要性

登记账簿作为会计核算的基本流程之一，具有以下重要性：

（1）确保会计信息准确可靠：通过登记账簿，可以确保企业经济活动的准确记录和财务报告的可靠性，为企业的决策提供有力的数据支持。

（2）提高工作效率：登记账簿可以使会计人员对企业经济活动进行有序的分类和记录，便于后续的核算和分析工作，提高工作效率。

（3）加强内部控制：登记账簿是内部控制的重要环节，通过规范记账流程、明确职责分工和建立复核机制，可以有效防止会计舞弊和错误的发生。

综上所述，登记账簿是会计核算的基本流程之一，它确保了会计信息的准确可靠，提高了工作效率，并加强了内部控制。因此，在实际工作中，企业应重视登记账簿这一环节，加强会计人员的培训和管理，确保会计核算工作的顺利进行。

五、成本计算

在企业的日常运营中，会计核算是企业经济管理的核心环节，其中，成本计算更是关键的一环。成本计算不仅能帮助企业精准掌握产品或服务的成本构成，还能为决策提供有力支持，从而实现企业资源的优化配置和经济效益的提升。下面将对会计核算中的成本计算基本流程进行详细阐述。

(一) 成本计算的基本概念与重要性

成本计算是对企业在生产经营过程中发生的各项费用进行归集、分配和计算的过程。这些费用包括直接材料、直接人工和制造费用等。企业通过成本计算可以清晰地了解产品或服务的成本构成，为制定销售价格、控制成本、评估盈利能力提供依据。

成本计算是按一定对象，经过汇总、分配，分别归集经营过程中发生的费用，确定各核算对象的总成本和单位成本的专门方法。通过成本计算，可以考核企业对原材料和人工的消耗及其他费用支出是否节约，以便采取措施，降低成本；同时，可以为编制成本计划和产品产销计划提供必要的数据资料，以便加强计划管理。一切实行经济核算制的企业都必须有成本的计算，所以，成本计算方法是广泛应用的一种会计核算方法。

(二) 成本计算的基本流程

1. 确定成本对象与成本期间

成本对象是指需要进行成本计算的产品或服务。企业应根据实际情况确定成本对象，以便更准确地反映成本情况。成本期间是指成本计算的时间范围，通常以一个年度、一个季度或一个月为周期。

2. 归集成本费用

在确定了成本对象和成本期间后，企业需要对生产经营过程中发生的各项费用进行归集。这包括将各项费用按照成本对象进行分类，并记录在相应的成本账户中。在归集过程中，要确保各项费用的真实性和完整性，避免出现遗漏或重复计算的情况。

3. 分配制造费用

制造费用是指与产品生产直接相关的间接费用，如车间管理人员工资、设备折旧等。这些费用不能直接归属于某个具体的产品，因此需要按照一定的分配方法进行分摊。常见的分配方法包括生产工时比例法、机器工时比例法、直接材料成本比例法等。企业应根据实际情况选择合适的分配方法，确保制造费用的合理分配。

4.计算成本

在归集和分配了各项费用后，企业可以计算产品或服务的成本，包括直接材料成本、直接人工成本和制造费用等。通过将这些成本相加，可以得到产品或服务的总成本。在计算过程中，要确保各项成本的准确性和完整性，避免出现误差。

（三）成本计算的注意事项

1.保持一致性

企业在进行成本计算时，应保持一致性原则。这意味着在相同的时间范围内，对相同的成本对象和相同的费用项目应采用相同的计算方法和分配标准，以确保成本计算的准确性和可比性。

2.关注成本变动

成本计算并非一成不变的。随着生产经营环境的变化和市场竞争的加剧，企业成本也会发生变动。因此，企业在进行成本计算时，应关注成本变动情况，及时调整计算方法和分配标准，以适应市场变化和经营需求。

3.增强成本意识

成本计算不仅是会计核算的一个环节，更是企业经营管理的重要组成部分。企业应提高全员成本意识，加强成本控制和管理，实现成本优化和效益提升。

成本计算是企业会计核算中的关键环节，对于企业管理决策和经济效益提升具有重要意义。企业应充分了解成本计算的基本概念、基本流程和注意事项，并在实际操作中不断优化和完善成本计算体系，以更好地服务于企业发展和市场竞争。

六、财产清查

（一）财产清查概述

会计核算，作为企业财务管理的核心环节，其准确性和完整性直接关系到企业的经济效益和长期发展。在会计核算的众多步骤中，财产清查是其中不可或缺的一环。财产清查，即对企业各项资产进行全面、细致、准确的核查，以确保会计信息的真实性和可靠性。

财产清查就是盘点实物，核对账目，查明各项财产物资和资金的实有数额及占用情况。在实际工作中，由于种种原因，账面资料有时同实际情况不相一致，为了做到账实相符，挖掘财产物资的潜力，加强对财产物资的管理，就必须进行财产清查。在清查中，如果发现某些财产物资和资金的实有数额同账面结存数额不一致，则应查明账实不符的原因，作出相应的处理，并调整账簿记录，使账存数额同实存数额保持一致，从而保证会计核算资料的真实性。还可通过财产清查查明各项财产物资的保管和使用情况以及往来款项的结算情况，以便对积压或残损的财产物资和逾期未收回的款项，及时采取措施进行清理和加强财产管理，以挖掘物资潜力和加速资金周转。

财产清查的主要目的是核实企业资产的实际数量、价值和使用状况，确保账实相符，防止资产流失和浪费。企业可以通过财产清查及时发现资产管理中的问题和漏洞，为后续的会计核算和财务管理提供有力的数据支持。

(二) 财产清查的基本流程

财产清查的基本流程通常包括以下几个步骤。

1. 制订清查计划

清查计划是财产清查工作的基础，它明确了清查的范围、时间、方法和人员分工。企业应根据自身的实际情况和需要，制订科学合理的清查计划，确保清查工作的有序进行。

2. 组织清查人员

清查人员的选择对于清查工作的质量至关重要。企业应选拔具有丰富经验和专业技能的会计人员和资产管理人员，组成清查小组，负责具体的清查工作。

3. 实地核查资产

实地核查是财产清查的核心环节。清查人员应严格按照清查计划，对企业的各项资产进行逐一核查，包括固定资产、流动资产、无形资产等。在核查过程中，应重点关注资产的数量、价值、使用状况以及是否存在损坏、报废等情况。

4. 编制清查报告

清查工作完成后，清查人员应根据核查结果，编制详细的清查报告。报告应包括清查的基本情况、发现的问题、原因分析和改进建议等内容。清查报告是企业管理层了解资产状况、制定改进措施的重要依据。

5. 处理清查结果

企业应根据清查报告的结果，对发现的问题进行及时处理。对于资产损失和浪费等问题，应查明原因，追究责任，并采取相应的补救措施。同时，企业还应根据清查结果，完善资产管理制度，加强资产管理人员的培训和教育，提高资产管理水平。

财产清查作为会计核算的基本流程之一，具有不可替代的作用。它不仅能够确保会计信息的真实性和可靠性，还能够为企业的发展提供有力的数据支持和决策依据。因此，企业应高度重视财产清查工作，加强组织领导和协调配合，确保清查工作的顺利进行和取得实效。

总之，财产清查是会计核算中的关键环节，它有助于企业全面、准确地掌握资产状况，及时发现和解决资产管理中的问题，提高企业的经济效益和竞争力。在未来的发展中，企业应继续完善财产清查制度和流程，提高清查工作的效率和质量，为企业的健康发展提供有力保障。

七、编制会计报表

会计核算是一个复杂而系统的过程，它涉及一系列步骤和程序，用以确保企业经济活动的准确记录、分析和报告。其中，编制会计报表是会计核算流程的关键环节，它反映了企业在一定时期内的财务状况和经营成果。下面将详细介绍会计核算中编制会计报表的基本流程。

会计报表是以一定的表格形式，对一定时期内账簿记录内容的总括反映，也就是对编表单位在一定时期内的经济活动过程和结果加以综合反映的一种书面报告。编制会计报表就是定期总结日常核算资料，总括反映经济活动的过程和结果。通过编制会计报表所提供的核算指标，对宏观和微观经济计划、决策和监督都具有重要作用。编制会计报表是发挥会计在经济管理中的作用所必不可少的重要的核算方法。

(一) 编制会计报表的前提准备

在编制会计报表之前,需要做好一系列的准备工作。首先,要收集并整理企业各项经济业务的原始凭证和记账凭证,确保所有交易都得到准确记录。其次,要对会计账簿进行审查和核对,确保各项数据准确无误。此外,还需进行必要的会计估计和判断,如坏账准备、存货跌价准备等,以反映企业的真实财务状况。

(二) 编制会计报表的主要步骤

1. 资产负债表编制

资产负债表是反映企业某一特定日期财务状况的报表。在编制资产负债表时,需要按照资产、负债和所有者权益三大要素进行分类,并列出各项目的期初余额和期末余额。资产负债表的编制应遵循会计等式原则,即"资产 = 负债 + 所有者权益",确保报表的平衡性。

2. 利润表编制

利润表是反映企业一定时期内经营成果的报表。在编制利润表时,需要列示企业在一定期间内的营业收入、营业成本、税金及附加、期间费用等各项收支,并计算出净利润。利润表的编制有助于了解企业的盈利能力和经营效率。

3. 现金流量表编制

现金流量表是反映企业一定时期内现金及现金等价物流入和流出情况的报表。在编制现金流量表时,需要将企业的现金流入和流出按照经营活动、投资活动和筹资活动进行分类,并计算出净现金流量。现金流量表的编制有助于分析企业的现金流动状况,预测未来的资金需求和支付能力。

4. 所有者权益变动表编制

所有者权益变动表是反映企业所有者权益各项目增减变动情况的报表。在编制所有者权益变动表时,需要详细列示企业所有者权益的构成及其变动情况,包括实收资本、资本公积、盈余公积、未分配利润等项目的增减变动。所有者权益变动表的编制有助于了解企业所有者权益的变动趋势和结构变化。

(三) 编制会计报表的注意事项

在编制会计报表时，需要注意以下几点：

(1) 遵守会计准则和法规，确保报表的合规性和真实性；

(2) 严格审核和核对数据，确保报表的准确性；

(3) 注重报表的清晰性和可读性，便于理解和分析；

(4) 及时编制和报送报表，以满足相关利益方的需求。

编制会计报表是会计核算流程中的关键环节，它对企业决策者、投资者和债权人等利益方具有重要意义。通过遵循正确的步骤和注意事项，可以编制出真实、准确、清晰、及时的会计报表，为企业的经营管理提供有力支持。同时，随着会计制度的不断完善和技术的不断进步，会计核算和报表编制工作将更加高效和便捷，为企业的发展提供有力保障。

在会计核算方法中，填制和审核凭证、登记账簿和编制报表是三个主要的、连续的环节，而其他四种专门方法则错综而又紧密地穿插在这三个基本环节中。

第三节 会计核算的基本要素

会计核算的基本要素包括资产、负债、所有者权益、收入、费用和利润。这些要素共同构成了会计核算的主要内容，反映了企业的财务状况和经营绩效。

一、资产

在会计核算的众多要素中，资产无疑是最为关键和基础的一环。资产是会计学中一个核心概念，它反映了企业或个人拥有的、具有经济价值的资源，这些资源预期将在未来带来经济利益。

在会计学中，资产是指企业过去的交易或事项形成的、由企业拥有或控制的、预期会给企业带来经济利益的资源。资产是企业拥有的具有经济价值的资源，如现金、存货、固定资产等。资产是企业价值来源，是支持企业经营活动的基础。

这一定义强调了资产的三个主要特征：过去性、拥有或控制性、预期经济利益性。这些特征共同构成了资产的识别标准，为会计核算提供了清晰的指导。

根据不同的特征和用途，资产可以分为多种类型，如流动资产、非流动资产、有形资产和无形资产等。流动资产包括现金、存货、应收账款等，这些资产通常能在较短的时间内转化为现金或其他等价物。非流动资产则包括固定资产、长期投资等，这些资产通常需要较长的时间才能转化为现金或其他经济利益。有形资产是指具有物理形态的资产，如土地、建筑物、设备等；而无形资产则是没有物理形态但具有经济价值的资产，如专利权、商标权等。

在会计核算中，资产扮演着至关重要的角色。首先，资产是企业经营活动的物质基础，它为企业提供了生产、经营和发展所需的资源。其次，资产是企业财务状况的重要体现，通过核算和报告资产的价值和变动情况，可以了解企业的经济实力和经营成果。此外，资产还是企业投资决策的重要依据，通过对不同类型资产的分析和比较，可以帮助企业做出更明智的投资决策。

然而，在会计核算过程中，我们也需要注意到资产的一些特殊性和潜在风险。例如，资产的价值可能会受到市场波动、技术进步等多种因素的影响；同时，资产的确认和计量也可能存在主观性和不确定性。因此，在进行会计核算时，我们需要遵循会计准则和规定，确保资产的确认、计量和报告具有客观性和准确性。

总之，资产作为会计核算的基本要素之一，在企业的财务报表中占有举足轻重的地位。通过对资产的深入了解和准确核算，我们可以更好地把握企业的财务状况和经营成果，为企业的决策和发展提供有力的支持。同时，我们也需要关注资产的特殊性和潜在风险，以确保会计核算的准确性和可靠性。

二、负债

在会计学的广阔领域中，负债是一个至关重要的概念。负债指企业所欠的债务或已承担的义务。负债是企业对外的财务责任。

负债是会计核算的基本要素之一，它反映了企业或个人在经营活动中所承担的经济义务。理解负债的内涵和特点，对准确进行会计核算、制定合理的财务策略以及评估企业或个人的经济健康状况具有重要意义。

负债是企业或个人因过去的交易或事项而形成的，预期会导致经济利益流出的现时义务。这意味着负债是基于过去的交易或事项而产生的，且在未来某个时点需要履行相应的义务，如偿还债务、支付利息或提供服务等。负债具有明确的经济利益流出性，即企业需要支付现金或其他资产来履行这些义务。

负债分为流动负债和非流动负债。流动负债是指企业在一年内或超过一年的一个营业周期内需要偿还的债务，如短期借款、应付账款等。非流动负债则是偿还期限超过一年的债务，如长期借款、应付债券等。这种分类有助于企业更好地了解负债的结构和偿还压力，从而制定相应的财务策略。

负债在会计核算中扮演着举足轻重的角色。首先，负债是企业资产负债表的重要组成部分，反映了企业的财务状况和偿债能力。通过对负债的核算和分析，企业可以了解自身的债务规模、债务结构以及债务风险，从而制订出更为稳健的财务计划。其次，负债也是企业利润表和现金流量表中的重要因素。在利润表中，负债会影响企业的利息支出和财务费用；在现金流量表中，负债的变动会影响企业的现金流入和流出。

然而，负债也是一把"双刃剑"。适度的负债可以为企业带来杠杆效应，提高企业的盈利能力；但过度的负债则会增加企业的财务风险，甚至可能导致企业陷入破产的境地。因此，企业在利用负债进行经营活动时，需要权衡利弊，确保其负债规模与企业的经济实力和偿债能力相匹配。

在会计实践中，对于负债的处理需要遵循会计准则和规定。会计人员应准确记录负债的形成、变动和偿还情况，确保负债信息的真实、完整和可靠。同时，企业还应加强内部控制，防范负债风险，确保负债的合理使用和有效管理。

负债作为会计核算的基本要素之一，在企业财务管理中具有重要的地位和作用。企业应充分了解负债的内涵和特点，加强负债的管理和核算工作，确保企业的财务稳健和可持续发展。

三、所有者权益

在会计核算的众多基本要素中，所有者权益是一个核心概念，它代表了企业资产减去负债后，由所有者享有的剩余权益。所有者权益指企业所有者对资产所享有的权益，也称为净资产。所有者权益体现了企业资产扣除负债后由所有者享有的剩余权益。所有者权益反映了企业的财务状况，是评估企业价值的重要依据。

首先，所有者权益的构成主要包括实收资本、资本公积、盈余公积和未分配利润等部分。实收资本是投资者实际投入企业的资本金，是企业经营活动的起点。资本公积则是企业在资本筹集过程中形成的资本增值，如股本溢价等。盈余公积则是企业从净利润中提取的用于特定用途的资金，如扩大再生产、弥补亏损等。未分配利润则是企业历年实现的净利润中尚未分配给投资者的部分。

所有者权益在会计核算中具有重要意义。首先，它是衡量企业偿债能力的重要指标。所有者权益越多，企业的偿债能力越强，越能抵御外部风险。其次，所有者权益是评估企业价值的重要依据。投资者可以通过分析所有者权益的构成和变化，了解企业的经营状况和发展潜力，从而做出更明智的投资决策。最后，所有者权益的变化也反映了企业的经营成果和财务状况。当企业盈利时，所有者权益会增加；当企业亏损时，所有者权益会减少。因此，通过关注所有者权益的变化，可以了解企业的盈利能力和发展趋势。

然而，需要注意的是，所有者权益并非一成不变。随着企业经营活动的进行，所有者权益会不断发生变化。因此，在进行会计核算时，需要准确记录和分析所有者权益的变化情况，确保会计信息的真实性和准确性。

总之，所有者权益是会计核算中的基本要素之一，它代表了企业的剩余权益和财务状况。通过深入了解和分析所有者权益的构成和变化，可以更好地了解企业的经营状况和发展潜力，为企业的健康发展和投资者的投资决策提供有力支持。

四、收入

收入指企业在生产经营过程中创造的经济利益。收入是企业经济效益的体现，也是企业财务状况改善的重要来源。

在会计学中，收入是一个核心而基础的概念，它是会计核算的基本要素之一。收入反映了企业在一定时期内由销售商品、提供劳务或转让资产使用权等经营活动所取得的经济利益的流入。对于企业来说，收入是评价其经济效益和经营成果的重要指标，同时也是维持企业运营和推动其发展的重要动力。

首先，我们需要明确收入的定义和特性。在会计学中，收入是指企业在日常活动中形成的、会导致所有者权益增加的、与所有者投入资本无关的经济利益的总流入。这种经济利益的总流入可以表现为现金流入或现金流入的潜力，如应收账款的增加。同时，收入具有多样性，可以来自不同的经营活动，如销售商品、提供劳务、利息收入、租金收入等。

其次，收入的确认和计量在会计核算中占据重要地位。收入的确认需要满足一定的条件，如商品或劳务已经交付，风险和报酬已经转移，收入金额能够可靠计量等。只有满足这些条件，企业才能将收入确认为会计期间的收入。收入的计量则需要根据企业采用的会计政策和会计准则进行，以确保会计信息的准确性和可比性。

最后，收入在会计核算中具有重要的影响。它直接影响企业的利润水平，是评价企业经营成果的重要指标。同时，收入也是企业现金流的重要来源，有助于企业维持正常的运营活动。通过对收入的分析和比较，企业可以了解自身的市场地位、竞争优势和盈利能力，为未来的经营决策提供有力支持。

然而，我们也需要注意到，收入的确认和计量可能受到多种因素的影响，如市场环境、客户需求、政策法规等。因此，企业在进行会计核算时，需要充分考虑这些因素，以确保收入的确认和计量符合实际情况和会计准则的要求。

收入作为会计核算的基本要素之一，具有极其重要的地位和作用。它反映了企业的经济效益和经营成果，是维持企业运营和推动其发展的重要动力。因此，在进行会计核算时，我们需要充分了解收入的特性和影响，正确确认和计量收入，以提供准确、可靠的会计信息，为企业的健康发展提供有力支持。

五、费用

在会计核算的众多基本要素中，费用是一个至关重要的概念。费用是指企业在生产经营过程中，为了获取经济利益而发生的，与收入直接相关的资源流出或消耗。费用不仅反映了企业经济活动的规模和范围，也是评价企业经济效益和制定经营决策的重要依据。

费用的特点主要体现在其经济性和直接相关性上。经济性是指费用是企业为了获得经济利益而付出的代价，这种代价表现为资源的流出或消耗。直接相关性则是指费用必须与企业的收入产生直接联系，即费用的发生是为了获取收入而发生的。

费用的分类多种多样，按照经济性质可以分为生产费用和期间费用。生产费用是指直接用于产品生产的费用，如原材料、直接人工等；期间费用则是指与产品生产无直接关系，但与企业在经营期间有关的费用，如管理费用、销售费用等。按照功能划分，费用可以分为销售费用、管理费用、财务费用等，这些费用分别对应着企业在不同经营环节中的资源消耗。

费用的核算在会计核算中占据重要地位。企业需要按照会计准则和会计制度的规定，对费用进行准确、完整记录和核算。这包括费用的确认、计量和记录等环节。在确认费用时，企业需要判断费用的性质、发生时间以及是否与收入直接相关；在计量费用时，企业需要采用合理的方法，如实际成本法、标准成本法等，对费用进行量化；在记录费用时，企业需要按照会计科目的设置，将费用分类记录在会计账簿中。

费用的控制和优化也是企业管理的重要内容。通过对费用的控制和优化，企业可以降低生产成本，提高经济效益。这需要企业加强内部管理，提高资源利用效率，减少浪费和损失。同时，企业还需要关注市场变化和技术进步，不断优化生产流程和产品结构，以降低费用水平。

此外，费用的分析也是企业制定经营决策的重要依据。通过对费用的分析，企业可以了解各项费用的构成和变动趋势，找出影响费用的关键因素，为制定成本控制策略和经营决策提供有力支持。

　　总之，费用作为会计核算的基本要素之一，在企业的经济活动中发挥着举足轻重的作用。企业需要重视费用的核算、控制和优化工作，以提高经济效益和市场竞争力。同时，随着市场环境的变化和技术的不断进步，企业还需要不断创新和完善费用的管理方法和手段，以适应新的经济形势和发展需求。

六、利润

　　在会计核算中，利润是一个至关重要的要素，它反映了企业在一定会计期间的经营成果和经济效益。利润不仅是企业生存和发展的基础，也是投资者、债权人、政府部门等各方利益相关者关注的核心指标。

　　利润是指企业在一定时期内，通过生产经营活动所获得的收入扣除相关成本和费用后的净额。它反映了企业创造价值的能力以及经营效率的高低。利润的大小和变化可以揭示出企业在市场竞争中的地位、经营策略的有效性以及未来发展趋势等信息。

　　会计核算对利润的处理遵循一定的原则和方法。首先，会计核算要求真实、准确地反映企业的经济活动，确保利润数据的真实性和可靠性。其次，会计核算采用权责发生制原则，即按照权利和义务的发生时间来确认收入和费用，以确保利润计算的合理性和准确性。此外，会计核算还需要遵循配比原则、谨慎性原则等，以确保利润数据的客观性和公正性。

　　在会计核算中，利润的计算和记录是一个复杂而精细的过程。首先，企业需要对各项收入和费用进行确认和计量，这包括销售收入、成本、税费、利息等。然后，企业根据会计制度和会计准则的规定，将各项收入和费用进行归类和汇总，形成利润表。利润表是反映企业利润状况的主要报表，它显示了企业在一定时期内的收入、成本和利润等关键信息。

　　利润在会计核算中扮演着重要的角色。首先，利润是企业经营活动的最终成果，是企业价值创造的体现。通过利润的大小和变化，可以评估企业的经营业绩和盈利能力，为投资者提供决策依据。其次，利润是企业扩大再生产、实现可持续发展的基础。只有将利润用于再投资、技术创新和市场拓展等方面，企业才能不断提高竞争力，实现长期稳定发展。

然而，在追求利润的过程中，企业也需要注意风险管理和合规经营。过高的利润目标可能导致企业采取激进的经营策略，忽视风险管理和内部控制，从而给企业带来潜在风险。因此，企业需要在保证利润的同时，加强风险管理，确保合规经营，以实现可持续发展。

利润是会计核算的基本要素之一，它反映了企业的经营成果和经济效益。通过真实、准确地核算利润，企业可以评估自身的经营状况和盈利能力，为投资者提供决策依据。同时，企业也需要在追求利润的过程中，注重风险管理和合规经营，以实现长期稳定发展。

上述要素相互联系，共同构成了会计核算的基本框架，为会计报表的编制提供了基础。通过会计报表，可以分类反映各项会计要素的基本数据，并科学、合理地反映会计要素之间的相互关系，从而提供有用的经济信息，对企业内外部的会计信息使用者和企业管理者都是十分重要的。

第四节　会计核算的准则与规范

一、会计核算的准则

会计核算的准则旨在指导和规范会计工作，确保会计信息的准确性和可靠性。这些准则可以分为几个类别。

(一) 一般原则

在会计核算的复杂体系中，有一些原则被视为基本准则，这些原则在规范会计行为、确保会计信息质量方面发挥着至关重要的作用。其中，谨慎性原则、重要性原则和实质重于形式原则是三个尤为重要的原则。

首先，我们来看谨慎性原则。谨慎性原则要求会计人员在处理会计事务时，应当保持谨慎的态度，不高估资产或收益，也不低估负债或费用。这种原则的存在，是为了防止企业过度乐观地估计其财务状况和经营成果，从而保护投资者和债权人的利益。对谨慎性原则的应用，使企业的财务报表更加稳健，更能真实反映企业的实际经济情况。

其次，我们探讨重要性原则。重要性原则强调在会计核算中，应区分重要项目和非重要项目，对重要项目应详细反映，对非重要项目则可简化处理。这一原则的实施，有助于提高会计信息的相关性和有用性，使信息使用者能够更好地理解和评价企业的财务状况和经营成果。重要性原则的运用，使会计核算既全面又突出重点，更符合信息使用者的实际需求。

最后，我们讨论实质重于形式原则。实质重于形式原则要求会计核算应反映交易或事项的经济实质，而非仅仅依据其法律形式。即使某项交易或事项在法律上符合某种形式，但如果其经济实质与此不符，那么在会计核算中应依据其经济实质进行处理。这一原则的运用，有助于防止企业通过操纵法律形式来误导信息使用者，确保会计信息的真实性和公正性。

谨慎性原则、重要性原则和实质重于形式原则是会计核算中的三个基本原则。它们共同构成了会计核算的规范框架，确保了会计信息的质量，维护了市场经济的公平和公正。作为会计人员，我们应当深入理解并严格遵守这些原则，以提供真实、准确、有用的会计信息，服务于企业的决策和发展。

在实际应用中，这三个原则并非孤立存在，而是相互关联、相互补充的。谨慎性原则要求我们在处理会计事务时保持谨慎态度，而重要性原则和实质重于形式原则则为我们提供了具体的方法和指导。通过综合运用这些原则，我们能够更加准确、全面地反映企业的财务状况和经营成果，为企业的健康发展提供有力的支持。

同时，我们也需要认识到，随着市场环境的不断变化和会计准则的不断完善，这些原则的应用也需要不断适应新的情况和挑战。因此，作为会计人员，我们需要不断学习、更新知识，不断提高自己的专业素养和判断能力，以更好地应对会计核算中的各种复杂情况。

总之，谨慎性原则、重要性原则和实质重于形式原则是会计核算中的核心原则，它们共同构成了会计信息的基石。我们应当深入理解并严格遵守这些原则，以确保会计信息的真实性、准确性和有用性，为企业的健康发展和市场经济的繁荣稳定做出积极贡献。

（二）计量原则

在会计核算的复杂体系中，计量原则扮演着至关重要的角色。这一原则为会计信息的记录和报告提供了明确的指导，确保了财务报告的准确性和可靠性。其中，权责发生制原则、配比原则和实际成本原则是三个核心原则，它们共同构成了会计核算的基础。

首先，我们来看权责发生制原则。这一原则强调，企业应当在交易或事项发生时，而不是在收到或支付现金时，确认其影响。即使款项尚未收到或支付，企业也必须根据交易或事项的经济实质进行会计处理。例如，当企业销售商品时，即使客户尚未支付货款，企业也应根据销售合同确认销售收入和应收账款。这种处理方法有助于更真实地反映企业的财务状况和经营成果，避免了因现金收付时间差异导致的会计信息失真。

其次，配比原则。配比原则要求企业在确认收入和费用时，应当将其与相关的成本或支出进行配比。企业需要将与特定收入相关的成本或费用正确地分配到相应的会计期间，以便更准确地反映企业的盈利能力和经营效率。例如，在制造业中，企业需要将生产产品的直接材料、直接人工和制造费用等成本分配到相应的产品上，以便在销售产品时能够准确地计算产品的成本和毛利。

最后，我们谈谈实际成本原则。这一原则要求企业在进行会计处理时，应当以实际发生的交易或事项为依据，按照实际成本进行计量。企业不应随意调整或估计成本或价值，而应当根据可靠的历史成本数据进行会计处理。例如，在采购原材料时，企业应当以实际支付的采购价款作为原材料的成本，而不是根据预估或市场价格进行调整。这种处理方法有助于确保会计信息的客观性和真实性，避免了因主观判断或估计导致的会计信息失真。

权责发生制原则、配比原则和实际成本原则是会计核算中不可或缺的计量原则。它们共同构成了会计核算的基础框架，为会计信息的记录和报告提供了明确的指导。在实际应用中，这些原则有助于确保会计信息的准确性、可靠性和客观性，为企业的决策和管理提供了有力的支持。因此，在进行会计核算时，我们必须严格遵守这些原则，以确保会计信息的真实性和有效性。

(三) 信息质量原则

在现代企业的日常运营中，会计核算扮演着至关重要的角色。它不仅关乎企业的财务健康，还直接影响着企业的决策和发展方向。然而，会计核算的准确性和有效性在很大程度上取决于其遵循的信息质量原则。下面将重点探讨会计核算中的三大核心原则：真实性原则、及时性原则和相关性原则，并分析它们在保障会计信息质量方面的重要作用。

首先，真实性原则又称客观性原则，是会计核算的基石。它要求企业的会计核算必须以实际发生的经济业务为依据，如实反映企业的财务状况和经营成果。这意味着会计核算不能脱离实际，不能虚构或篡改数据。真实性原则确保会计信息的客观性和可靠性，为企业的决策提供坚实的基础。同时，它也有助于维护企业的信誉和声誉，增强投资者和利益相关者的信心。

其次，及时性原则强调会计核算的时效性。它要求会计事项的处理必须于经济业务发生时及时进行，不得拖延和积压。及时性原则确保了会计信息能够及时反映企业的运营状况，为决策提供及时的依据。在快速变化的市场环境中，及时的信息意味着能够更快地作出反应和调整，从而抓住机遇或避免风险。此外，及时性原则也有助于防止信息的过时和失效，保持其有用性和价值。

最后，相关性原则关注的是会计信息与决策需求之间的联系。它要求企业会计核算提供的会计信息应当符合国家宏观经济管理的要求，满足各有关方面了解企业财务状况和经营成果的需要。相关性原则强调会计信息的有用性，即会计信息应当能够影响使用者的决策。这意味着会计信息不仅要真实、及时，还要与使用者的经济决策密切相关。相关性原则有助于提高会计信息的使用效率，促进资源的合理配置和有效利用。

真实性原则、及时性原则和相关性原则是会计核算中不可或缺的信息质量原则。它们共同构成了保障会计信息质量的重要框架，为企业的决策和发展提供了有力的支持。在实际操作中，企业应严格遵守这些原则，确保会计信息的准确性、及时性和相关性。同时，企业还应加强内部控制和审计监督，提高会计核算的规范化和标准化水平，进一步提升会计信息的质量和价值。

此外，随着信息技术的不断发展，会计核算也面临着新的挑战和机遇。企业应积极探索利用现代信息技术手段，如大数据、人工智能等，提升会计核算的效率和准确性。通过技术手段的运用，可以更好地实现真实性、及时性和相关性的要求，为企业的发展提供更加有力的信息保障。

总之，会计核算的信息质量原则是企业财务管理的重要基石。通过遵循真实性原则、及时性原则和相关性原则，可以确保会计信息的准确性、及时性和有用性，为企业的决策和发展提供有力的支持。在未来的发展中，企业应不断提升会计核算的规范化和标准化水平，提高会计信息的质量和价值，以应对市场的挑战和机遇。

（四）具体会计准则

会计准则（Accounting Standard），是会计人员从事会计工作必须遵循的基本原则，是会计核算工作的规范。它是针对经济业务的具体会计处理作出规定，以指导和规范企业的会计核算，从而保证会计信息的质量。"会计准则"是会计人员从事会计工作的规则和指南。

1. 基本准则

基本准则是概括会计核算工作的基本前提和基本要求，是说明会计核算工作的指导思想、基本依据、主要规则和一般程序。企业会计的账务处理程序、方法等都必须符合基本准则的要求。基本会计准则还是制定具体准则的主要依据和指导原则。具体准则涉及会计核算的具体业务，它必须体现基本准则的要求才能保证各具体准则之间的协调性、严密性及科学性。

2. 具体准则

具体会计准则是按照基本准则的内容要求，针对各种经济业务作出的具体规定。它的特点是操作性强，可以根据其直接组织该项业务的核算，如固定资产会计、投资会计、借款会计的准则等。根据世界各国的实践经验和我国的实际情况，具体准则可以考虑包括通用业务准则（主要是基本准则的具体化）、特殊业务准则（如物价变动会计准则和破产清算会计准则）、特殊行业会计准则和特殊经营方式会计准则。

目前，我国在世界银行的支持下正在积极创建我国的具体会计准则。迄今为止，已颁布了关联方交易、资产负债表日后事项、债务重组、收入、投资、建造合同、会计政策、会计变动和会计差错更正、非货币性交易等有关事项的具体准则。财政部计划制定 30 个具体会计准则。鉴于目前我国会计法规正处于大变更时期，为了贯彻"先立后破"的原则，保证新旧办法的有序交替，使实际工作做到时时有法可依，避免出现"法规真空"，财政部在颁布基本会计准则和制定具体会计准则的同时，作为过渡时期的措施，在1992年制定和公布了各大行业的会计制度和财务制度。这是一项分行业会计制度向具体会计准则逐步靠拢的过渡性措施。经过8年的实践，在总结经验的基础上，财政部又将分行业的会计制度在2001年合并成了统一的《企业会计制度》(如无特别说明，本书以下所称的企业会计制度均指的是最新的企业会计制度，而非1992年的各行业的企业会计制度)。但是这种会计制度仍然是具体会计准则完全制定之前的过渡性的措施。当我国的具体准则完善之后，这种会计制度就会被具体准则所代替。

具体准则包括：

(1) 通用业务会计准则。主要解决各行业共同业务如货币性资产、应收账款等业务的处理。

(2) 特殊业务会计准则。主要解决如外币业务、租赁业务等特殊业务的会计处理。

(3) 财务报表会计准则。规范企业主要会计报表编制方法和信息披露的准则。

每一条具体会计准则一般包括引言(准则范围)、定义(某准则涉及的概念)、一般确认原则、一般计量方法、一般报告原则、一般提示事项、附则(解释权和生效日期)七个部分。

按其制定主体分，分为法定主义的准则和民间专业团体制订的准则。

会计准则的制订主体有两类：在奉行大陆法系的国家，会计规范一般采用法定主义。会计事务的处理规则从属于税法，国家制定了一系列具体的会计法规，甚至包括统一的会计科目表，如法国、德国。在奉行普通法的国家，会计准则由民间专业团体制订、并在实践上被税法、证券法所承认，如美国的《公认会计原则》(GAAP)，以及国际会计准则委员会的《国际会计准则》(IAS)。

会计准则制订的最高水平当属美国的公认会计原则和国际会计准则委员会的国际会计准则。前者内容繁多，有200多条款项，偏重于具体的规则，后者内容较为简略，偏重于原则的遵守。前者由于受到全球最大资本市场的管理者——美国证券交易委员会的承认，所以在世界上影响很大。后者由于被欧盟指定为欧洲普遍适用的会计准则，所以也越来越具有影响力。

这两者之间随着国际会计准则委员会改组为国际会计准则理事会（IAS- 国际会计准则随之改称 IFRS- 国际财务报告准则）、并吸收了 GAAP 的制定者——财务会计准则委员会的成员加入，有整合的趋势。

在实际操作中，会计核算应基于实际发生的交易或事项，反映企业的财务状况、经营成果和现金流量，确保会计信息的真实性和准确性。此外，会计核算还应遵循一致性原则，确保会计政策在不同时期保持一致，提高信息的可比性。

总之，会计核算的准则是为了确保会计工作者能够提供准确、及时、相关的财务信息，帮助决策者做出基于事实的决策。这些准则不仅包括基本的会计原则和计量原则，还包括具体的会计准则，共同构成了会计工作的基础。

二、会计核算规范

会计核算规范是指针对当前私营企业会计核算不规范的现状作出的规范管理。随着我国整体经济的迅速发展，私营企业力量也在迅速壮大，对国民经济的贡献日益增大，已成为我国国民经济中不可或缺的组成部分。但是当前私营企业会计核算不规范的问题也显得日益突出，如现金交易、多头开户、白条入账、内外两套账、资金管理混乱、会计人员随意编制会计科目或混淆会计科目之间的关系、费用分摊混乱、违背会计原则等，在这种情况下，私营企业偷漏税的现象频频发生，这些问题的存在不仅不利于企业自身的发展壮大，而且给国家财政收入造成巨大的损失，因此进一步规范私营企业会计核算已显得非常必要。

（一）宏观影响

（1）当前我国市场经济体制还不完善，相关私营企业的法律法规不完备。我国的私营企业绝大部分是在改革开放之后出现的，法治建设滞后，有关的法律法规不健全，甚至不规范。如公司法、税法等有关私营企业部分的法律法规还不完善，而在执行中能与之配套的实施细则更少，不便管理。

（2）国家行政机关存在执法不到位，执法不严的现象。当前我国确实存在着有些国家机关执法不严，违法不究，对会计舞弊的打击不力的情况；有些地方部门为了达到政绩上的目标，如希望多开办一些企业，盈利企业多一些，对私营企业会计核算不规范、会计作假则采取睁一只眼闭一只眼的态度，甚至推行地方保护主义。这些更使私营企业老板不重视加强会计核算规范，进而助长了部分违法行为，也阻碍了私营企业经营的规范化，包括企业会计核算的规范，不利于私营企业的做强、做大。

（二）解决措施

政府要高度重视私营企业的发展，不断完善对私营企业相关的法律法规的监督，同时加大执法和宣传教育的力度。国家和地方政府要高度重视私营企业的财务管理，不断完善有关法律法规，进一步完善社会主义市场经济体制，加大执法和宣传教育的力度。为私营企业规范经营包括会计核算规范化创造有利的宏观环境。当前，一方面要抓紧制定和健全针对私营企业整体规范经营的法律法规；另一方面要制定和完善有关涉及私营企业会计核算方面的法律法规、实施细则，要增加对私营企业财务管理行为进行监督、约束、处理的具体内容，要做到定性准确、标准量化、可操作性强，以进一步提高政府在宏观管理、监督和约束私营企业财务管理上的能力。政府有关部门应着力营造一种适合私营企业发展的比较宽松的及有法可依的客观环境。改革对私营企业种种不合理的管理方式，平等地对待私营企业，使私营业主愿意积极主动地配合政府有关部门搞好此项工作，这样，不仅有利于规范私营企业的会计核算，而且有利于形成一种让私营企业不得不严格规范本企业会计核算的宏观氛围，进而也有利于我国私营企业的良性发展。

第五节　会计核算体系的完善措施

一、完善会计核算体系的必要性

在当今经济高速发展的时代，会计核算体系作为企业财务管理的核心，其完善与否直接关系到企业的经济效益和长期发展。因此，完善会计核算体系显得尤为必要。

首先，完善会计核算体系有助于提高财务信息的质量。一个健全的会计核算体系能够确保企业财务报表的准确性、可靠性和完整性，使决策者能够基于真实、有效的数据进行决策。这不仅有助于减少财务风险，还能增强企业的市场竞争力。

其次，完善会计核算体系有助于规范企业的财务管理。通过建立科学的会计制度和核算流程，企业能够实现对财务活动的有效监控和管理，防止财务舞弊和违规行为的发生。同时，完善的会计核算体系还能帮助企业及时发现并解决财务管理中存在的问题，提高企业的运营效率。

再次，完善会计核算体系有助于提升企业的信用评级。在资本市场中，企业的信用评级往往与其会计核算体系的完善程度密切相关。一个健全的会计核算体系能够为企业树立良好的信誉形象，提高投资者对企业的信心，进而有利于企业获得更多的融资机会和更低的融资成本。

最后，完善会计核算体系有助于企业适应经济环境的变化。随着全球经济一体化的加速和市场竞争的加剧，企业面临着越来越多的挑战和机遇。一个完善的会计核算体系能够帮助企业及时把握市场动态，灵活调整经营策略，以适应不断变化的经济环境。

完善会计核算体系对于企业的发展具有至关重要的意义。企业应积极加强会计核算体系的建设，提升财务管理水平，为企业的长远发展奠定坚实的基础。

二、完善会计核算体系的原则

会计核算工作是财务管理的基础，其准确性和规范性直接影响着企业的经营成果和财务状况。为了确保会计核算工作的顺利进行，企业应该遵循以下原则完善会计核算体系。

(一) 客观公正原则

会计核算工作必须以实际发生的经济业务为依据，如实反映企业的财务状况和经营成果。在处理会计事务时，必须遵守客观公正的原则，不偏不倚地反映事实真相，不得有任何主观臆断或隐瞒歪曲。

(二) 及时性原则

会计核算工作应该及时进行，不得无故拖延。对于已经发生的经济业务，应该及时进行确认、计量和记录，以确保会计信息的质量。同时，对于已经记录的经济业务，如果发现错误，应该及时进行更正，以保证会计信息的真实性和准确性。

(三) 一致性原则

会计核算工作应该保持一致性，即会计政策、会计处理方法在一定时期内保持稳定，不得随意变更。如果需要变更，应该经过充分论证，并在财务报表中予以说明。一致性原则有助于提高会计信息的可比性，方便企业之间的比较和参考。

(四) 权责发生制原则

会计核算应该以权责发生为基础，正确划分各个会计期间收入、费用和利润的归属期，合理确定各期的损益。权责发生制有助于正确反映企业的财务状况和经营成果，为决策提供更加准确的会计信息。

(五) 谨慎性原则

会计核算应该保持谨慎，对可能发生的损失和费用进行合理估计。在处理会计事项时，应该充分考虑各种风险和不确定性因素，合理选择会计处理方法。谨慎性原则有助于防止企业因高估资产和收益而导致的财务风险。

(六) 重要性原则

会计核算工作应该抓住重点，对重要的经济业务和事项进行重点反映。对于那些对企业财务状况和经营成果有重大影响的项目，应该给予足够的重视，并合理选择会计处理方法。重要性原则有助于提高会计信息对决策的有用性。

(七) 完整性原则

会计核算工作应该全面反映企业的财务状况和经营成果，不得漏报、错报或隐瞒重要信息。完整性原则有助于保证会计信息的完整性和准确性，为决策提供可靠依据。

完善会计核算体系应该遵循客观公正、及时性、一致性、权责发生制、谨慎性、重要性和完整性等原则。只有遵循这些原则，才能确保会计核算工作的准确性和规范性，为企业的经营决策提供可靠的会计信息支持。

三、完善会计核算体系的措施

随着市场经济的快速发展和企业竞争的加剧，会计核算体系的完善与否直接关系到企业的财务状况和经营成果。因此，建立一套科学、规范、高效的会计核算体系对于企业的长远发展至关重要。下面将探讨会计核算体系的完善措施，以期为企业提供有益的参考。

(一) 加强内部控制，提高核算准确性

在当今复杂多变的商业环境中，会计核算体系的完善对于企业的稳健运营和可持续发展至关重要。其中，加强内部控制是提高核算准确性的关键措施之一。围绕这一主题，探讨如何通过加强内部控制来完善会计核算体系，进而提升核算的准确性。

1. 内部控制在会计核算体系中的作用

内部控制是企业为确保业务活动的有序进行、资产的安全完整以及财务信息的真实可靠而采取的一系列方法和措施。在会计核算体系中，内部控制的作用主要体现在以下方面。

（1）规范业务流程：通过制定和执行严格的业务流程规范，确保会计核算的每一步操作都符合既定的标准和流程，减少人为错误和舞弊的可能性。

（2）保护资产安全：内部控制有助于识别和预防潜在的财务风险，确保企业的资产得到妥善保管和有效利用，防止资产流失和浪费。

（3）提高核算准确性：通过加强内部控制，可以确保会计核算的数据来源可靠、处理过程规范、输出结果准确，从而提高核算的准确性和可靠性。

2.加强内部控制的具体措施

为了完善会计核算体系并提高核算准确性，企业可以采取以下具体措施来加强内部控制。

（1）建立完善的内控制度：企业应结合自身的业务特点和实际情况，制定一套全面、细致、可操作的内部控制制度，明确各项业务的职责权限、操作流程和风险控制要求。

（2）强化人员培训与意识提升：加强对会计核算人员的培训和教育，提高其专业素养和职业道德水平。同时，通过宣传和普及内部控制知识，增强全体员工的内控意识和风险意识。

（3）实施不相容职务分离：合理设置会计岗位，确保不相容职务的分离与制衡。例如，出纳与记账应由不同人员担任，以避免内部舞弊的发生。

（4）加强内部审计与监督：建立健全内部审计机制，定期对会计核算体系进行审查和评估，及时发现和纠正存在的问题。同时，加强对内部控制执行情况的监督和检查，确保各项措施得到有效落实。

（5）利用信息化手段提高内控效率：借助现代信息技术手段，如 ERP 系统、财务软件等，实现会计核算的自动化和智能化，减少人为干预和错误。同时，通过数据分析和挖掘，提高内控的针对性和有效性。

加强内部控制是完善会计核算体系、提高核算准确性的重要措施。企业应充分认识到内部控制在会计核算体系中的重要作用，结合实际情况采取具体有效的措施来加强内部控制。通过不断完善内部控制体系，企业可以确保会计核算的准确性和可靠性，为企业的稳健运营和可持续发展提供有力保障。

（二）完善会计制度，规范核算流程

会计制度是会计核算体系的基础，完善会计制度有助于规范核算流程，提高核算效率。企业应根据国家法律法规和会计准则的要求，结合企业实际情况，制定符合自身特点的会计制度。在制度中明确核算方法、科目设置、报表编制等方面的规定，确保核算工作的规范性和一致性。

1.完善会计制度的重要性

会计制度是企业进行会计核算的基本准则和规范，它规定了会计核算的基本原则、方法和程序。完善的会计制度能够确保会计核算的准确性和一致性，提高财务信息的质量，为企业的决策提供有力支持。同时，会计制度还能够规范企业的财务行为，防止财务舞弊和违规行为的发生，维护企业的声誉和利益。

2. 规范核算流程的具体措施

（1）制定详细的核算流程规范

企业应结合自身业务特点和财务管理需求，制定详细的核算流程规范。这些规范应明确核算的各个环节、步骤和要求，包括凭证的填制、审核、记账、报表编制等，确保核算工作有序、高效地进行。

（2）加强内部控制和审计监督

企业应建立健全内部控制体系，通过明确的职责划分、权限设置和审批流程，确保核算工作的规范性和准确性。同时，加强内部审计监督，定期对核算工作进行检查和评估，及时发现并纠正存在的问题。

（3）提升核算人员的专业素养

核算人员的专业素养直接影响会计核算的质量。企业应加强对核算人员的培训和考核，提高其业务水平和职业道德素养。通过定期的培训和学习，使核算人员熟悉最新的会计准则和制度，掌握先进的核算方法和技术。

（4）建立信息化核算系统

借助现代信息技术手段，建立信息化核算系统，实现会计核算的自动化、智能化和实时化。通过系统对数据的自动处理和分析，提高核算的准确性和效率，减少人为错误和舞弊的可能性。

完善会计核算体系是一个持续的过程，需要企业不断地探索和创新。未来，随着经济的全球化和信息技术的快速发展，会计核算将面临更多的挑战和机遇。企业应密切关注国内外会计制度的最新动态，及时调整和完善自身的会计核算体系，以适应不断变化的市场环境。

同时，企业还应加强与其他企业的交流与合作，分享成功的经验和实践案例，共同推动会计核算体系的完善和发展。通过不断地努力和创新，可以建立起更加规范、高效、精准的会计核算体系，为企业的稳健运营和可持续发展提供有力的保障。

综上所述，完善会计核算体系、加强会计制度规范核算流程是企业提升财务管理水平、防范财务风险的重要举措。企业应充分认识到其重要性，采取有效措施并加以推进和落实，以促进企业健康、稳定、可持续发展。

（三）加强信息化建设，提升核算效率

在当今信息化快速发展的时代背景下，会计核算作为企业财务管理的核心环节，其准确性和效率直接影响到企业的运营与决策。因此，完善会计核算体系，特别是通过加强信息化建设提升核算效率，已成为企业不可忽视的重要课题。

加强信息化建设是提升会计核算效率的关键手段。传统的会计核算方式往往依赖于手工操作，不仅效率低下，而且容易出错。而信息化建设可以通过引入先进的会计软件和系统，实现自动化、智能化的数据处理和核算分析，从而大大提高核算的准确性和效率。同时，信息化手段还可以实现数据的实时更新和共享，使财务部门能够更加及时、准确地掌握企业的财务状况，为企业的决策提供有力支持。

在加强信息化建设的过程中，企业需要注重以下几点。首先，要选择合适的会计软件和系统。不同的企业有不同的业务需求和管理模式，因此需要根据实际情况选择适合自身的会计软件和系统。其次，要加强员工培训和技术支持。信息化建设不仅需要引入先进的系统，还需要员工具备相应的操作能力和技术素养。因此，企业需要加强对员工的培训和技术支持，确保他们能够熟练使用新系统，充分发挥其作用。此外，企业还需要建立健全的信息安全体系，保障会计核算数据的安全性和保密性。

通过加强信息化建设，企业可以实现会计核算的自动化、智能化和实时化，从而提高核算效率和质量。这不仅可以减轻财务部门的工作负担，还可以降低企业的运营成本，提高企业的竞争力。同时，信息化手段还可以帮助企业更好地进行财务分析和预测，为企业的战略决策提供有力支持。

然而，加强信息化建设并非一蹴而就的过程。企业需要持续投入资金、技术和人力资源，不断完善和优化会计核算体系。同时，还需要关注行业发展趋势和技术创新动态，及时引入新的技术和方法，以适应不断变化的市场环境。

加强信息化建设是完善会计核算体系、提升核算效率的重要措施。企业应积极拥抱信息化时代，加强会计核算体系的信息化建设，为企业的稳健

发展提供有力保障。

(四) 加强人员培训，提高核算素质

随着市场经济的不断发展，会计核算作为企业财务管理的核心环节，其准确性和规范性对于企业的健康发展至关重要。然而，目前许多企业在会计核算方面仍存在诸多问题，如核算流程不规范、核算结果不准确等。这些问题的存在，不仅影响了企业的财务决策，还可能给企业带来经济损失。因此，完善会计核算体系，加强人员培训以提高核算人员素养，成为企业亟待解决的问题。

1. 加强人员培训的措施

(1) 定期组织专业培训

企业应定期组织会计核算人员参加专业培训，包括会计基础知识、财务报表编制、财务分析等方面的内容。通过培训，使核算人员掌握最新的会计准则和法规，了解先进的核算方法和技术，提高核算人员的专业素养。

(2) 实行导师制度

企业可以建立导师制度，让经验丰富的核算人员担任新员工的导师，进行一对一的辅导。通过实际操作和案例分析，帮助新员工更快地掌握核算技能，提高核算质量。

(3) 鼓励自主学习

企业应鼓励核算人员自主学习，提供丰富的学习资源和平台。核算人员可以根据自己的工作需求和学习兴趣，选择适合自己的学习内容和方式，不断提高自己的核算能力。

2. 提高核算人员素养的途径

(1) 增强职业道德意识

核算人员应具备高度的职业道德意识，严格遵守会计法规和企业规章制度，确保核算工作的真实性和准确性。企业应加强对核算人员的职业道德教育，引导他们树立正确的价值观和职业观。

(2) 提高沟通协调能力

会计核算工作涉及多个部门和岗位，核算人员需要具备良好的沟通协调能力，与其他部门和岗位保持紧密的联系和合作。企业可以通过开展团队

活动、组织跨部门沟通会议等方式，提高核算人员的沟通协调能力。

(3) 培养创新意识和实践能力

随着市场环境的不断变化和技术的不断进步，会计核算工作也面临着新的挑战和机遇。核算人员应具备创新意识和实践能力，不断探索新的核算方法和技术，提高核算工作的效率和质量。企业可以鼓励核算人员参与课题研究、创新项目等活动，培养他们的创新意识和实践能力。

完善会计核算体系、加强人员培训，以提高核算人员素养是企业提升财务管理水平、实现健康发展的重要举措。通过加强专业培训、实行导师制度、鼓励自主学习等方式，可以提高核算人员的专业素养和综合能力。同时，增强职业道德意识、提高沟通协调能力、培养创新意识和实践能力也是提高核算人员素养的重要途径。企业应高度重视会计核算工作，不断完善会计核算体系，为企业的稳健发展奠定坚实的基础。

(五) 强化外部监督，确保核算合规性

随着市场经济的深入发展，会计核算作为企业管理的重要组成部分，其准确性和合规性对企业的健康发展和市场的公平竞争具有重要意义。近年来，我国在会计核算体系建设方面取得了显著成就，但仍然存在一些不容忽视的问题，如核算不规范、信息不透明等。因此，强化外部监督，确保会计核算的合规性，成为完善会计核算体系的必要措施。

1. 外部监督在会计核算体系中的作用

外部监督是保障会计核算合规性的重要手段。通过对企业会计信息的审计和核查，外部监督机构能够及时发现并纠正会计核算中的错误和违规行为，确保会计信息的真实性、完整性和准确性。同时，外部监督还能够促进企业建立健全内部控制体系，提高会计核算的规范化和标准化。

2. 强化外部监督的具体措施

(1) 加强法律法规建设

国家应进一步完善与会计核算相关的法律法规，明确会计核算的基本原则、方法和要求，为外部监督提供坚实的法律保障。同时，加大对违法违规行为的处罚力度，形成有效的威慑机制，提高企业和个人对会计核算合规性的重视程度。

（2）提升外部监督机构的独立性和专业性

应确保外部监督机构在履行职责时具有充分的独立性和权威性，不受被监督对象的干预和影响。同时，加强外部监督机构的专业建设，提高监督人员的业务素质和职业道德水平，确保监督工作的准确性和公正性。

（3）建立信息共享和联合惩戒机制

加强各监管部门之间的信息沟通和协作，实现监管信息的共享和互通。对发现的会计核算违规行为，应建立联合惩戒机制，对涉事企业和个人进行联合处罚，形成跨部门、跨行业的监管合力。

（4）加强社会监督和舆论监督

鼓励和支持社会各界积极参与会计核算的监督工作，发挥社会组织和媒体的作用，加强对企业会计核算行为的监督和曝光。通过社会监督和舆论监督的力量，推动企业自觉遵守会计核算规范，提高核算的合规性。

3. 完善会计核算体系的其他配套措施

除了强化外部监督外，还应从企业内部管理、信息化建设等方面入手，完善会计核算体系。例如，加强企业内部控制制度建设，提高会计核算的规范化和标准化水平；推进会计信息化建设，提高会计核算的效率和准确性；加强会计人员的培训和教育，提高其业务素质和职业道德水平等。

强化外部监督是完善会计核算体系的重要措施之一。通过加强法律法规建设、提升外部监督机构的独立性和专业性、建立信息共享和联合惩戒机制以及加强社会监督和舆论监督等措施，可以有效确保会计核算的合规性，提高企业的财务管理水平和市场竞争力。同时，还应注重与其他配套措施的协调配合，共同推动会计核算体系的不断完善和发展。

（六）加快会计信息传递

在当今日益复杂多变的商业环境中，会计核算体系不仅是企业决策的重要依据，也是保证企业健康运行、防范风险的基础。其中，会计信息的传递速度和质量，直接影响到会计核算体系的完善程度。因此，加快会计信息传递，对于完善会计核算体系具有重要意义。

首先，加快会计信息传递能够提高企业决策效率。在快节奏的商业环境中，企业需要迅速获取并处理各种会计信息，以应对市场变化。通过优化信息传递流程，减少信息传递环节，企业可以更快地获取实时、准确的会计信息，从而作出更为精准的决策，抓住市场机遇，降低风险。

其次，加快会计信息传递有助于加强企业内部控制。完善的会计核算体系需要建立健全的内部控制机制，而会计信息传递的效率和准确性是内部控制有效性的重要体现。通过加快会计信息传递，企业可以及时发现并纠正错误和偏差，确保会计信息的真实性和完整性，从而维护企业的财务安全和稳定。

为了加快会计信息传递，我们可以采取以下措施：

（1）建立高效的信息化系统。借助现代信息技术，如云计算、大数据等，构建集数据采集、处理、存储、分析和传递于一体的信息化系统。通过自动化、智能化的信息处理方式，提高会计信息传递的速度和准确性。

（2）优化会计业务流程。通过梳理会计业务流程，简化烦琐的操作环节，减少不必要的审批流程，提高会计信息传递的效率。同时，建立标准化的业务流程和操作规范，确保会计信息的准确性和一致性。

（3）加强人员培训和素质提升。加强对会计人员的培训和教育，提高他们的专业素养和信息处理能力。通过培训，使会计人员能够更好地理解和应用现代信息技术，提高会计信息传递的质量和效率。

（4）建立信息共享机制。加强企业内部各部门之间的沟通与协作，建立信息共享机制，实现会计信息的实时更新和共享。这有助于打破信息孤岛，提高会计信息的透明度和可用性。

（5）强化监管和审计力度。建立健全监管和审计制度，加强对会计信息传递过程的监督和管理。通过定期检查和审计，确保会计信息的真实性和准确性，防止信息失真和舞弊行为的发生。

综上所述，加快会计信息传递对于完善会计核算体系具有重要意义。通过建立高效的信息化系统、优化会计业务流程、加强人员培训、提升人员素质、建立信息共享机制以及强化监管和审计力度等措施，我们可以有效提高会计信息传递的速度和质量，为企业决策提供有力支持，推动企业的健康稳定发展。

(七) 明确财务会计工作职责

随着企业规模的扩大和业务复杂性的增加，会计核算体系的重要性日益凸显。为了确保会计核算工作的准确性和效率，明确工作职责是完善会计核算体系的关键措施之一。以下是一些具体的建议，帮助企业明确会计核算体系中的工作职责。

（1）建立清晰的组织架构：明确会计核算部门的职责和权限，确保各部门之间的沟通与协作。建立相应的组织架构图，明确各级人员的工作职责和报告关系，确保信息的畅通和工作的有序进行。

（2）制定明确的岗位分工：根据企业规模和业务特点，合理设置会计核算岗位，明确各岗位的职责和工作内容。确保每个岗位都有明确的职责范围和工作标准，避免职责重叠或空白。

（3）建立岗位责任制：将会计核算工作的责任落实到具体岗位和个人，确保每个岗位都有明确的责任和义务。通过建立岗位责任制，可以提高员工的工作积极性和责任心，增强会计核算工作的可靠性和准确性。

（4）建立培训机制：定期为会计核算人员提供培训，提高他们的专业素质和工作能力。培训内容可以包括会计法规、会计准则、财务软件操作等，确保他们具备完成会计核算工作的必要技能和知识。

（5）建立有效的沟通机制：加强会计核算部门与其他部门之间的沟通与协作，确保信息传递的及时性和准确性。建立定期的会议制度，及时讨论和解决会计核算工作中遇到的问题和困难。

（6）实施内部审计：定期对会计核算工作进行内部审计，确保会计处理的合规性和准确性。审计结果应与相关人员进行沟通和反馈，及时发现问题并采取纠正措施。

总之，明确工作职责是完善会计核算体系的重要措施之一。通过建立清晰的组织架构、制定明确的岗位分工、建立岗位责任制、建立培训机制、建立有效的沟通机制以及实施内部审计等措施，可以提高会计核算工作的质量和效率，为企业的发展提供有力的支持。

(八) 统一财务会计核算标准

会计核算作为企业管理的重要组成部分，其体系的有效性和完整性直接关系到企业的财务管理水平。为了提升企业的竞争力，加强企业内部控制，我们必须对会计核算体系进行不断完善。下面将重点讨论如何通过统一财务会计核算标准来完善会计核算体系。

1. 统一财务会计核算标准的重要性

财务会计核算标准是企业财务管理的基石，规定了企业财务信息的生成、传递和使用的规范。统一财务会计核算标准有助于提高财务信息的准确性和可靠性，增强财务报告的可比性和可理解性，有利于企业做出正确的决策。同时，也有助于提升企业内部控制的有效性，防范财务风险，保护企业资产安全。

2. 统一财务会计核算标准的策略

(1) 建立统一的财务核算制度：企业应建立一套统一的财务核算制度，明确各项财务活动的操作规范和标准，确保所有部门和人员都按照相同的标准进行财务核算。

(2) 强化财务人员的培训：定期对财务人员进行培训，提高他们的专业素质和技能，使他们能够更好地理解和执行财务核算标准。

(3) 建立有效的沟通机制：企业应建立有效的沟通机制，确保各部门之间、部门内部的信息交流畅通无阻，以减少因信息不对称而导致的财务核算误差。

(4) 引入先进的财务软件：企业应引入先进的财务软件，利用其强大的数据处理和分析功能，提高财务核算的效率和准确性。

(5) 定期审计和评估：企业应定期对财务核算进行审计和评估，以确保财务核算标准的严格执行，及时发现并纠正不合规的行为。

统一财务会计核算标准是完善会计核算体系的重要手段之一。通过建立统一的财务核算制度、强化财务人员的培训、建立有效的沟通机制、引入先进的财务软件以及定期审计和评估，可以更好地规范企业的财务活动，提高财务信息的准确性和可靠性，为企业的决策提供有力支持，从而提升企业的竞争力，实现企业的长期发展。

(九) 增加财务会计核算体系投入

完善会计核算体系是企业管理的重要环节，对于提高企业财务管理的效率和准确性具有重要意义。为了更好地完善会计核算体系，需要采取一系列措施，其中增加财务会计核算体系投入是其中之一。

1. 增加财务会计核算体系投入的重要性

财务会计核算体系是企业财务管理的基础，它涉及企业的资金流动、成本核算、利润分配等重要方面。增加财务会计核算体系投入，可以提高财务管理的效率和准确性，为企业决策提供更加准确的数据支持。同时，增加财务会计核算体系投入还可以提高企业的风险防范能力，为企业的发展提供更加稳健的财务基础。

2. 完善会计核算体系的措施

(1) 建立完善的财务制度

建立完善的财务制度是完善会计核算体系的基础。企业应该根据自身的实际情况，制定符合企业发展的财务制度，明确财务管理的流程和规范，确保财务数据的准确性和完整性。同时，企业还应该加大对财务制度的执行力度，确保财务制度得到有效的落实。

(2) 加强财务信息化建设

随着信息技术的不断发展，企业应该加强财务信息化建设，提高财务管理的效率和质量。企业应建立完善的财务信息系统，实现财务数据的自动化处理和传输，提高财务数据的准确性和及时性。同时，企业还应加强对财务信息系统的维护和管理，确保系统的稳定性和安全性。

(3) 加强对财务人员的培训和管理

财务人员是企业财务管理的重要环节，他们的专业素质和职业道德水平直接影响到企业财务管理的质量。因此，企业应该加强对财务人员的培训和管理，提高他们的专业素质和职业道德水平，确保他们能够胜任财务管理的工作。同时，企业还应该建立完善的激励机制，鼓励财务人员积极参与到财务管理的工作中来。

增加财务会计核算体系投入是完善会计核算体系的重要措施之一。为了更好地完善会计核算体系，企业应该从建立完善的财务制度、加强财务信息化建设、加强对财务人员的培训和管理等方面入手，不断提高企业的财务管理水平，为企业的发展提供更加稳健的财务基础。

会计核算体系的完善是一个系统工程，需要企业在内部控制、会计制度、信息化建设、人员培训以及外部监督等方面进行全面加强和改进。只有不断完善会计核算体系，才能确保企业财务信息的准确性和可靠性，为企业的长远发展提供有力支持。

第四章　财务管理体系与会计核算的关系

第一节　财务管理体系对会计核算的要求

一、财务管理对会计核算的影响

财务管理与会计核算之间存在着密切的关系，财务管理对会计核算的影响是显而易见的。

(一) 财务管理对会计核算规范性的影响

随着现代企业的不断发展和经济活动的不断增加，财务管理在企业运营中扮演着越来越重要的角色。而会计核算作为财务管理的重要组成部分，其规范性对于企业的健康发展和财务状况的稳定至关重要。财务管理对会计核算规范性的重要影响体现在以下方面。

1. 规范会计核算流程

财务管理通过制定规范的会计核算流程，确保会计信息的准确性和完整性。规范的会计核算流程包括对会计科目的设置和使用、会计凭证的编制和审核、账簿的登记和核对、财务报表的编制和报送等环节。通过这些环节的规范操作，可以保证会计信息的真实性和准确性，为企业决策提供可靠的依据。

2. 加强内部控制

财务管理通过加强内部控制，确保会计核算的规范性和安全性。内部控制包括对财务活动的监督和控制，以及对财务风险的防范和应对。通过建立完善的内部控制制度，可以规范会计核算行为，防止财务舞弊和错误的发生，确保财务信息的真实性和可靠性。同时，加强内部控制还可以及时发现和解决潜在的财务风险，保障企业的财务安全。

3. 提高会计信息质量

财务管理通过提高会计信息质量，为企业的决策提供更加准确和可靠的依据。会计信息是企业决策的重要参考，其质量直接影响着企业的经营和发展。财务管理通过对会计核算过程的规范和管理，可以确保会计信息的准确性和完整性，为企业的决策提供更加可靠的数据支持。同时，规范的会计核算还可以提高会计信息的使用价值，为企业创造更多的经济价值和社会价值。

4.优化资源配置

财务管理通过规范会计核算，优化企业的资源配置。通过规范的会计核算，企业可以了解自身的财务状况和经营成果，从而制订更加科学合理的资源配置方案。在资源配置方面，财务管理需要综合考虑企业的战略目标、市场环境、行业趋势等因素，合理分配资金、人力、物力等资源，以实现企业的可持续发展。同时，规范的会计核算还可以帮助企业发现潜在的资源浪费和不合理支出，并及时采取措施加以改进，提高资源的使用效率。

总之，财务管理对会计核算的规范性具有重要影响。通过规范会计核算流程、加强内部控制、提高会计信息质量以及优化资源配置等方面的工作，财务管理可以为企业创造更多的经济价值和社会价值。因此，企业应该重视财务管理在会计核算中的作用，加强财务管理体系建设，提高财务管理的规范性和有效性。同时，企业还应该加强对财务人员的培训和管理，提高财务人员的专业素质和职业道德水平，确保会计核算的准确性和可靠性。只有这样，企业才能在激烈的市场竞争中立于不败之地。

(二) 财务管理对会计核算的风险管理的影响

在财务管理与会计核算的风险管理中，财务管理扮演着重要角色，这是因为财务管理直接影响了会计核算的效果。接下来，我们将从多方面深入讨论这一话题。

1.财务管理的关键作用

财务管理是对企业资金流动的全面管理，包括筹资、投资、资金分配等环节。在会计核算中，财务管理有助于保证数据的真实性和准确性，从而提高决策的可靠性。具体来说，财务管理能确保会计信息的及时性和完整性，减少错误和遗漏，降低会计核算的风险。

2.风险管理的重要性

会计核算中的风险管理，主要是指对可能影响会计核算准确性的各种因素进行识别、评估和控制。这些因素可能包括数据错误、欺诈行为、系统故障等。通过有效的风险管理，企业可以减少这些风险带来的损失，提高会计核算的可靠性。

3.财务管理对风险管理的影响

财务管理在会计核算的风险管理中起着关键作用。首先，它通过制定合理的财务政策，如严格的内部控制制度，来降低风险。其次，财务管理人员具备专业的财务知识和技能，能够识别和评估潜在的风险，并及时采取措施应对。此外，财务管理还能通过优化资金配置，提高资金的使用效率，从而降低风险。

然而，我们也应注意到，财务管理在会计核算的风险管理中并非万能的。除了财务管理外，企业还需要其他部门和人员的配合，共同应对风险。例如，审计部门可以对财务数据进行定期审计，确保其准确性；法务部门可以处理涉及法律的风险问题。

总的来说，财务管理对会计核算的风险管理有着重要影响。通过有效的财务管理，企业可以降低风险，提高决策的可靠性。因此，企业应重视财务管理的作用，加大财务管理的力度，以应对各种潜在的风险。

二、财务管理体系对会计核算的要求分析

财务管理体系对会计核算的要求是十分严格的，它涉及企业的财务状况、经营成果和现金流量等方面。一个健全的财务管理体系能够保证会计核算的准确性和可靠性，从而为企业的决策提供有力的支持。

(一)财务管理体系对会计核算的基本要求

首先，财务管理体系要求会计核算必须真实、准确、完整地反映企业的财务状况。会计核算要以实际发生的经济业务为依据，不得弄虚作假或随意估计。同时，会计核算还需要记录和反映企业的经济活动和经营成果，以确保企业的经济利益得到保障。

其次，财务管理体系要求会计核算必须遵循国家相关法律法规和会计

准则。企业在进行会计核算时，必须遵守国家颁布的会计准则和相关法律法规，确保会计核算的合法性和合规性。

最后，财务管理体系要求会计核算必须保持谨慎性原则。在会计核算过程中，企业需要充分考虑各种不确定的因素，合理估计可能发生的损失和费用，以确保企业决策的稳健性和可持续性。

（二）财务管理体系对会计核算的具体要求

1.财务管理对会计核算中设置会计科目环节的要求

财务管理和会计核算的关系非常密切，两者相互影响、相互促进。在财务管理中，会计科目占据着重要的地位，它既是会计核算的基础，也是财务管理的重要工具。在会计核算中设置会计科目，是财务管理对会计核算的基本要求，也是会计核算工作的基础环节。

（1）会计科目的设置原则

会计科目的设置原则主要包括合法性原则、相关性原则、实用性原则和统一性与灵活性相结合原则。合法性原则要求会计科目必须依据国家统一规定的会计制度来设置；相关性原则要求会计科目要与会计对象的具体内容密切相关，能够满足会计信息使用者的需要；实用性原则要求会计科目要简明实用，易于理解和使用；统一性与灵活性相结合原则要求在保证会计信息的系统性和统一性的前提下，能根据实际情况对会计科目进行调整和补充。

（2）会计科目的分类

会计科目按照不同的分类方式，可以分为不同的类别。按照反映内容的不同，会计科目可以分为资产类、负债类、所有者权益类、成本类和损益类；按照反映时间的不同，会计科目可以分为静态类和动态类；按照核算要求的不同，会计科目可以分为明细科目和总分类科目。其中，明细科目是对总分类科目的进一步具体化，能够详细地反映经济业务的具体内容和核算过程；总分类科目是对明细科目的概括和综合，能够概括地反映会计要素的总体信息。

（3）财务管理对会计核算中设置会计科目的要求

财务管理对会计核算中设置会计科目的要求主要包括规范性、相关性、统一性和实用性。规范性要求会计科目的设置必须符合国家统一的会计准则制度，不能随意设置；相关性要求会计科目要能够反映企业经济活动的实际情况，满足财务管理和决策的需要；统一性要求不同企业使用的会计科目必须保持一致，以便于比较和汇总；实用性要求会计科目要易于理解和使用，且方便会计人员操作和掌握。

(4) 设置会计科目的具体步骤

设置会计科目的具体步骤包括确定会计科目的性质和归属、确定会计科目的名称和编号、根据实际情况设置明细科目或总分类科目、确定各会计科目的核算内容和方法等。在确定会计科目的名称和编号时，需要按照国家统一的会计准则制度的规定进行，并遵循统一性与灵活性相结合的原则。在设置明细科目或总分类科目时，根据企业的实际情况和需要来确定，既要保持与总分类科目的对应关系，又要易于理解和使用。

总之，财务管理对会计核算中设置会计科目环节的要求是非常严格的，需要按照国家统一的会计准则制度的规定进行，同时要根据企业的实际情况和需要进行设置。只有这样，才能保证会计核算工作的准确性和可靠性，为财务管理提供可靠的信息支持。

2. 财务管理对会计核算中复式记录环节的要求

财务管理和会计核算在企业的运营和发展中扮演着重要的角色。财务管理涉及企业的资金流动、投资决策、成本控制等方面，而会计核算则是记录和反映企业经济活动的过程和结果。在会计核算中，复式记录是一个关键环节，它要严格遵守财务管理的要求，以确保会计信息的准确性和可靠性。

财务管理对会计核算中复式记录环节的要求如下：

(1) 准确性：复式记录要求准确记录每项经济业务，并确保记录的内容与实际情况相符。任何错误或遗漏都可能导致会计信息的不准确，进而影响企业的决策和运营。

(2) 完整性：复式记录要求记录所有经济业务，不遗漏任何细节。只有完整的会计信息才能提供准确的财务状况和经营成果。

(3) 及时性：复式记录要求及时记录经济业务，确保会计信息与经济业务的发生同步。这样可以及时反映企业的财务状况和经营成果，为决策提供及时、准确的依据。

(4) 标准化：财务管理要求复式记录遵循一定的会计准则和规范，以确保会计信息的可比性和可靠性。这包括对账户的设置、记录方式、计量单位等方面的规定。

（5）内部控制：财务管理要求建立完善的内部控制制度，以确保复式记录的准确性和完整性。这包括对会计人员的职责分工、审批程序、监督检查等方面的规定。

实现财务管理对会计核算中复式记录环节要求的策略如下：

（1）建立健全的内部控制制度：企业应建立完善的内部控制制度，以确保复式记录的准确性和完整性。这包括制定合理的审批程序、监督检查机制和责任追究制度。

（2）强化会计人员的培训和管理：企业应加强对会计人员的培训和管理，提高他们的专业素质和责任心。会计人员应具备扎实的专业知识和良好的职业道德，确保复式记录的准确性和完整性。

（3）规范会计核算流程：企业应规范会计核算流程，确保每项经济业务都得到准确、完整的记录。这包括对会计科目的设置和使用、凭证的编制和审核、账簿的登记和核对等方面的规定。

（4）定期审计和评估：企业应定期对会计核算进行审计和评估，发现问题及时整改，确保复式记录的准确性和完整性。

总之，财务管理对会计核算中复式记录环节的要求非常严格，必须严格遵守以确保会计信息的准确性和可靠性。企业应建立健全的内部控制制度、强化会计人员的培训和管理、规范会计核算流程、定期审计和评估，以确保复式记录的准确性和完整性，为企业的决策和运营提供有力支持。

3.财务管理对会计核算中填制和审核凭证环节的要求

财务管理是企业管理的重要组成部分，它对于企业的运营和发展起着至关重要的作用。在财务管理中，会计核算是一个关键环节，而填制和审核凭证则是会计核算的基础。下面将探讨财务管理对会计核算中填制和审核凭证环节的要求，以帮助企业员工更好地理解和执行这一过程。

（1）填制凭证的要求

第一，准确性：填制凭证时，必须确保所有信息的准确性，包括但不限于日期、摘要、科目、金额和合计。任何错误都可能导致数据不准确，进而影响整个会计核算过程。

第二，完整性：所有必要的要素都应在凭证中体现，如会计科目、币种、凭证编号等。任何要素缺失都会影响会计信息的完整性和准确性。

第三，规范性：填制凭证时应遵循企业规定的格式和要求，以确保所有凭证的一致性和可比性。

第四，及时性：填制凭证应及时，以确保会计信息的质量和效率。过时的凭证可能会误导决策者，降低财务报告的准确性。

（2）审核凭证的要求

第一，合法性：审核凭证中的所有信息是否符合国家法律法规和企业内部规章制度。

第二，完整性：审核凭证是否完整，包括所有应包含的要素和细节。

第三，准确性：审核凭证中的数据和信息是否准确无误，以确保会计信息的真实性和可靠性。

第四，逻辑性：审核凭证之间的勾稽关系是否合理，如成本和费用的配比是否符合逻辑。

第五，及时性：审核凭证的入账时间是否符合会计准则，以确保财务报告的及时性。

财务管理对会计核算中填制和审核凭证环节的要求是严格且重要的。填制和审核凭证的准确性和完整性直接影响到整个会计核算过程的质量和效率。为了满足这些要求，企业需要建立完善的内部控制制度，加强财务人员的培训和教育，提高他们的专业素质和技能水平。同时，企业还应建立有效的监督机制，定期对凭证填制和审核过程进行审查和评估，以确保其合规性和准确性。

在信息化时代，企业还应积极引入先进的财务软件和系统，以提高凭证填制和审核的自动化程度，减少人为错误，提高工作效率。此外，企业还应注重数据安全性和保密性，确保财务信息的安全和完整，防止信息泄露和滥用。

财务管理对会计核算中填制和审核凭证环节的要求是多方面的，企业应全面考虑并积极采取措施，以满足这些要求，提高财务管理的质量和效率，为企业的运营和发展提供有力支持。

4. 财务管理对会计核算中登记账簿环节的要求

在企业的日常经营活动中，财务管理是至关重要的，它贯穿于企业的每一个环节。而会计核算中的登记账簿环节是财务管理的重要部分，对于财务信息的准确性和透明度具有重要影响。下面将深入探讨财务管理对会计核算中登记账簿环节的要求。

首先，我们应当理解，账簿的登记是为了确保财务信息的完整性和准确性。登记账簿应当清晰、准确、完整，不遗漏任何一项交易或活动。财务人员应当对每一项交易进行详细的记录，包括交易的时间、金额、性质等重要信息。同时，对于一些特殊交易，如现金折扣、退款等，也需要特别注意，确保记录的准确性。

其次，财务管理对会计核算中登记账簿环节的要求还包括遵守会计准则和法规。企业应当按照国家法律法规和企业内部规章制度的规定，准确记录财务信息。这包括对会计科目的使用、财务报告的编制以及财务报表附注的披露等方面的要求。如果账簿登记不符合相关法规和准则，可能会导致财务报告的误导性和不准确性。

再次，财务管理还要求财务人员具备良好的职业道德和专业技能。账簿的登记需要财务人员具备高度的责任心和细心，避免因疏忽或舞弊导致财务信息的错误或遗漏。同时，财务人员需要不断学习和更新自己的专业知识，以应对不断变化的会计准则和法规。

最后，财务管理对会计核算中登记账簿环节的要求还包括定期进行账簿核对和审计。定期核对账簿可以确保财务信息的准确性和一致性，及时发现并纠正错误。审计可以确保财务报告的客观性和公正性，保障企业利益。

总结起来，财务管理对会计核算中登记账簿环节的要求包括清晰、准确、完整地记录每一项交易，遵守会计准则和法规，具备良好的职业道德和专业技能，定期进行账簿核对和审计。这些要求对于确保财务信息的准确性和透明度具有重要意义，有助于企业做出明智的决策，实现可持续发展。

5. 财务管理对会计核算中成本计算环节的要求

随着市场经济的深入发展，企业面临着越来越激烈的市场竞争。要想在市场竞争中立于不败之地，加强财务管理是企业的必由之路。而在财务管理中，会计核算又是非常重要的一环。而会计核算中的成本计算又是整个会计核算的重中之重。因此，财务管理对会计核算中成本计算环节的要求显得尤为重要。

(1)财务管理对会计核算中成本计算环节的要求

第一，准确性：在成本计算中，准确性是最基本的要求。会计人员必须按照会计准则和制度进行核算，确保数据的真实性和准确性。

第二，完整性：会计核算中的成本计算需要涵盖企业的所有成本项目，不能遗漏任何重要的成本要素，以确保成本计算的完整性。

第三，及时性：会计人员需要定期对成本数据进行核算，及时发现和纠正存在的问题，确保成本计算的及时性。

(2)实现财务管理对会计核算中成本计算环节要求的措施

第一，加强内部控制：企业应建立健全的内部控制制度，确保会计人员在核算过程中遵循会计准则和制度，保证数据的真实性和准确性。

第二，建立完善的成本核算体系：企业应建立完善的成本核算体系，明确各项成本要素的核算方法和流程，确保成本计算的完整性和准确性。

第三，加强监督和审核：企业应建立内部审计机构或聘请外部审计机构对会计核算过程进行监督和审核，及时发现和纠正存在的问题，确保成本计算的及时性和准确性。

(3)财务管理对会计核算中成本计算环节的意义

通过财务管理对会计核算中成本计算环节的要求的满足，企业可以更好地掌握自身的经营状况和财务状况，为企业的决策提供更加准确的数据支持。同时，也可以提高企业的经济效益和市场竞争力。

总之，财务管理对会计核算中成本计算环节的要求是多方面的，只有通过加强内部控制、建立完善的成本核算体系和加强监督和审核等措施，才能实现这些要求，从而提高企业的经济效益和市场竞争力。

6.财务管理对会计核算中财产清查环节的要求

在会计核算的过程中，财产清查是一个非常重要的环节。它涉及对企业财产，如固定资产、流动资产、库存商品等的清查和核对，以保证账实相符，并为企业的财务管理提供准确的数据。而在这一环节中，财务管理对会计核算的要求也是非常严格的。

首先，财务管理要求会计核算中的财产清查必须真实、准确。这意味着在进行财产清查时，必须按照规定的程序和方法进行，确保数据的真实性和准确性。同时，对于清查过程中发现的问题，必须及时报告并解决，以保证财产的完整性和安全性。

其次，财务管理要求会计核算中的财产清查必须及时。这意味着企业必须定期进行清查和核对，以确保账实相符。同时，对于清查过程中发现的问题，必须及时处理，以避免对企业的财务状况造成影响。

再次，财务管理还要求会计核算中的财产清查必须符合法律法规的要求。这意味着在进行财产清查时，必须遵守相关法律法规的规定，如《会计法》《税法》等。同时，对于清查过程中发现的任何违法行为，必须及时报告并处理，以避免对企业造成法律风险。

最后，财务管理要求会计核算中的财产清查必须具有可操作性。这意味着在进行财产清查时，必须考虑到企业的实际情况和需求，选择合适的清查方法，以保证财产清查的可行性和效率。同时，对于清查过程中发现的问题，必须及时改进和优化，以提高企业的财务管理水平。

总之，财务管理对会计核算中财产清查环节的要求是非常严格的。只有按照这些要求进行财产清查，才能保证账实相符，为企业的财务管理提供准确的数据，并避免对企业造成损失。因此，企业必须重视会计核算中的财产清查环节，并严格按照财务管理的要求进行操作。

7. 财务管理对会计核算中编制会计报表环节的要求

财务管理与会计核算在企业的运营中起着至关重要的作用，其中编制会计报表是会计核算的重要环节。财务管理对会计核算中编制会计报表环节的要求具体有以下几方面。

（1）准确性

准确性是编制会计报表的首要要求。财务报表的准确性直接关系到企业的决策和利益相关者的决策，因此必须确保财务报表中的数据准确无误。在编制会计报表的过程中，财务人员需要仔细核对各项数据，确保数据的来源可靠、计算准确、勾稽关系正确。同时，财务人员还需要关注财务报表之间的勾稽关系，确保报表之间的数据一致。

（2）完整性

财务报表应该全面反映企业的财务状况和经营成果，因此完整性是编制会计报表的另一个重要要求。财务人员需要按照会计准则和法规的要求，完整地记录企业的各项经济业务，确保财务报表中涵盖所有重要的财务信息。在编制会计报表的过程中，财务人员需要关注企业的收入、成本、费用、资产、负债、所有者权益等方面，确保财务报表能够全面反映企业的实际情况。

（3）及时性

及时性是编制会计报表的第三个要求。财务报表需要及时提供给利益相关者，以便他们做出决策。因此，财务人员需要及时收集和整理各项数据，及时编制财务报表，确保财务报表的时效性。在编制会计报表的过程中，财务人员需要关注会计准则和法规的变化，及时调整财务报表的编制方法，确保财务报表的准确性。

（4）合规性

合规性是编制会计报表的另一个重要要求。财务人员需要遵守会计准则和法规的要求，确保财务报表符合相关法规和会计准则的规定。在编制会计报表的过程中，财务人员需要关注各项经济业务的合规性，确保财务报表的真实性和公允性。同时，财务人员还需要关注企业的内部控制制度，确保财务报表的编制过程符合内部控制制度的要求。

（5）内部控制要求

内部控制要求是编制会计报表的重要保障。财务人员需要建立和完善内部控制制度，确保财务报表的准确性和完整性。内部控制制度应该涵盖财务报表的编制、审核、审批、复核等各个环节，并确保各个环节之间的相互制约和相互监督。同时，财务人员还需要关注内部控制制度的执行情况，及时发现和纠正存在的问题，确保内部控制制度的时效性。

综上所述，财务管理对会计核算中编制会计报表环节的要求是多方面的，包括准确性、完整性、及时性、合规性和内部控制要求等。财务人员需要认真执行这些要求，确保财务报表的准确性和完整性，为企业的发展提供有力的支持。

第二节　会计核算对财务管理决策的支持

在当今这个经济快速发展的时代，企业的财务管理决策成为决定其生存与发展的重要因素。而会计核算作为财务管理的基石，对财务管理决策起到了重要的支持作用。本节将从会计核算的基础作用、信息提供、风险控制以及决策优化等方面，探讨会计核算对财务管理决策的支持作用。

一、会计核算为财务管理决策提供基础数据

在企业的日常运营中，财务管理决策是关乎企业生存与发展的关键环节。为了确保决策的科学性和准确性，必须依赖于真实、可靠的数据支持。在这个过程中，会计核算发挥着不可替代的作用，它通过记录、分类、汇总和报告企业的经济活动，确保了企业经济信息的准确性和完整性，为财务管理决策提供了有力的数据支持。

会计核算的基础工作是对企业经济活动进行全面、准确的记录。无论是销售收入、成本费用，还是资产负债等方面，会计核算都能精确地反映出企业的经济实际状况。这种记录不仅要求详细，而且必须真实，不能有任何虚假或误导性的信息。只有这样，才能确保决策者能够依据这些数据做出正确的判断。

会计核算的另一个重要作用是对企业经济活动进行分类和汇总。通过对数据进行分类，可以清晰地看到各项经济活动的来源和去向，从而揭示出企业的盈利模式和成本结构。而数据的汇总则能够为企业提供整体的财务状况和经营成果，帮助决策者全面了解企业的运营状况。

此外，会计核算还需要定期编制财务报告，向企业内部和外部的利益相关者提供企业的财务信息报告。这些报告不仅包括了企业的资产负债表、利润表和现金流量表等基本财务报表，还可能包括一些附注和解释性信息，以便更全面地反映企业的财务状况和经营成果。这些财务报告是财务管理决策的重要依据，能够帮助决策者更好地把握企业的运营状况和发展趋势。

会计核算在财务管理决策中发挥着基础性的作用。它通过记录、分类、汇总和报告企业的经济活动，确保了企业经济信息的准确性和完整性，为财

务管理决策提供了真实可靠的数据支持。因此，企业应当高度重视会计核算工作，加强对会计核算人员的培训和管理，提高会计核算的准确性和可靠性，以便为企业的财务管理决策提供更加有力的支持。同时，决策者也应该充分利用会计核算提供的数据和信息，全面了解企业的财务状况和经营成果，从而做出更加科学、合理的决策，推动企业的持续健康发展。

二、会计核算为财务管理决策提供信息支持

在现代企业管理中，会计核算与财务管理决策之间存在着密不可分的关系。会计核算不仅是记录企业日常交易活动的工具，更是为财务管理决策提供丰富、全面信息支持的重要手段。通过对企业资产、负债、所有者权益等静态数据的深入分析和比较，会计核算能够揭示企业的盈利能力、偿债能力以及运营效率等多方面的信息，为财务管理决策提供有力的依据。

会计核算的首要任务是准确、完整地记录企业的日常交易活动。这些交易活动包括但不限于销售、采购、生产、投资等，它们构成了企业运营的基础。通过会计核算，企业管理者能够清晰地了解每一笔交易的来源、去向以及对企业财务状况的影响，从而确保企业财务信息的真实性和准确性。

除了日常交易活动，会计核算还关注企业的资产、负债和所有者权益等静态数据。这些数据反映了企业在特定时点的财务状况，是评估企业经济实力和稳定性的重要依据。通过对这些数据的深入分析和比较，会计核算能够揭示出企业的资产结构、负债水平以及所有者权益的变动情况，进而评估企业的偿债能力和资本实力。

更为重要的是，会计核算还能够揭示企业的盈利能力、偿债能力以及运营效率等方面的信息。通过对利润表、现金流量表等财务报表的分析，会计核算可以评估企业的盈利能力以及现金流状况；通过对资产负债表的分析，可以评估企业的偿债能力和资本结构；通过对成本费用等数据的分析，会计核算可以评估企业的运营效率和管理水平。这些信息对于财务管理决策具有极其重要的意义。

在财务管理决策的过程中，这些信息为管理者提供了全面的视角和深入的洞察。它们不仅有助于管理者了解企业的当前状况，还能够预测未来的发展趋势，从而制定出更加科学、合理的财务管理策略。例如，在投资决策

中，管理者可以根据会计核算提供的信息评估投资项目的盈利潜力和风险水平；在融资决策中，管理者可以根据企业的偿债能力和资本结构选择合适的融资方式和渠道。

此外，会计核算还能够为企业内部控制和风险管理提供有力支持。通过对企业内部流程的梳理和监控，会计核算能够发现潜在的风险点并提出改进措施；通过对财务数据的分析和比较，会计核算能够及时发现异常情况并采取相应措施加以纠正。这些措施有助于提升企业的运营效率和管理水平，增强企业的竞争力和抗风险能力。

总之，会计核算在财务管理决策中发挥着不可或缺的作用。它不仅能够准确记录企业的日常交易活动，还能够揭示企业的财务状况、盈利能力、偿债能力以及运营效率等多方面的信息。这些信息为财务管理决策提供了全面的信息支持，有助于管理者做出更加科学、合理的决策，推动企业的持续发展和稳定运营。

三、会计核算有助于风险评估与预警

在现代企业的运营管理中，财务管理无疑是核心环节，而会计核算则是财务管理决策中不可或缺的工具。会计核算不仅有助于确保企业财务信息的准确性和完整性，更在风险控制方面发挥着举足轻重的作用。通过会计核算，企业能够及时发现和纠正财务决策中的错误，进而降低潜在风险，确保企业的稳健发展。

会计核算通过规范化和系统化的方法，对企业的经济活动进行记录、分类、计量和报告。在这一过程中，会计核算能够揭示出企业运营中的各项成本、收入、利润等关键指标，为决策者提供清晰、准确的财务信息。当企业的财务决策出现偏差或错误时，会计核算能够及时发出预警，帮助决策者迅速识别问题所在，进而采取相应的纠正措施。

在财务管理决策中，风险控制是至关重要的环节。市场风险、信用风险等是企业在运营过程中常常面临的风险类型。会计核算通过提供翔实的数据和信息，使决策者能够全面了解企业所面临的各种风险。例如，通过对市场数据的分析和比较，会计核算能够揭示出市场价格的波动趋势，帮助决策者制定灵活的市场策略，降低市场风险。同时，会计核算还能够对企业的信

用状况进行评估，为信用决策提供有力支持，减少信用风险的发生。

除了提供风险信息外，会计核算还能够为决策者制定有效的风险控制措施提供依据。通过对历史数据的分析和比较，会计核算能够揭示出企业运营中的规律和问题，为决策者提供有针对性的建议。例如，在成本控制方面，会计核算能够指出成本过高的环节和原因，帮助决策者制定成本控制策略，降低企业的经营风险。

会计核算在财务管理决策风险控制中具有不可替代的作用。通过会计核算，企业能够及时发现和纠正财务决策中的错误，降低潜在风险；同时，会计核算还能够为决策者提供关于市场风险、信用风险等方面的信息，帮助决策者制定有效的风险控制措施。因此，企业在运营过程中应充分重视会计核算的作用，并不断提升会计核算的水平和质量，为企业的稳健发展提供有力保障。

四、会计核算是预算定制与成本控制的得力助手

在现代企业中，财务管理决策扮演着至关重要的角色，它关乎企业的运营效益、市场竞争力以及长期发展。而会计核算作为财务管理决策的基础和核心，在预算定制和成本控制等方面发挥着不可替代的作用。

首先，会计核算通过提供精准的数据支持，为预算定制奠定了坚实基础。预算编制是企业财务管理的关键环节，它涉及企业在未来一定时期内的收支计划、资源配置以及经营目标设定。会计核算通过记录和处理企业的日常经济业务，生成真实、准确的财务数据，为预算编制提供了可靠的数据来源。借助会计核算提供的数据，企业可以更加科学地制定预算，合理分配资源，确保经营活动的顺利进行。

其次，会计核算在成本控制方面发挥着重要作用。成本控制是企业实现盈利目标的关键手段，它要求企业对生产经营过程中的各项费用进行严格监控和管理。会计核算通过对成本的核算和分析，帮助企业识别成本构成的合理性以及成本控制的关键点。通过比较实际成本与预算成本的差异，企业可以及时发现成本控制的薄弱环节，并采取相应的措施加以改进。此外，会计核算还可以通过成本分摊、成本预测等方法，为企业提供更加全面的成本控制方案，助力企业实现降本增效。

除了预算定制和成本控制外，会计核算还在其他方面为财务管理决策提供支持。例如，会计核算可以帮助企业评估财务风险，为决策提供有力依据；通过对财务报表的编制和分析，会计核算可以揭示企业的财务状况和经营成果，为投资者和债权人提供决策参考。此外，会计核算还可以协助企业进行税务筹划和合规管理，降低税务风险，提升企业形象。

会计核算作为财务管理的得力助手，在预算定制和成本控制等方面发挥着重要作用。通过提供精准的数据支持和专业的核算分析，会计核算为企业的财务管理提供了有力保障。因此，企业应高度重视会计核算工作，充分发挥其在财务管理中的支持作用，为企业的稳健发展保驾护航。

五、会计核算促进财务管理决策的优化

在现代企业管理中，会计核算扮演着至关重要的角色。它不仅提供了企业经济活动的基础数据，而且能够揭示企业的发展趋势与潜在问题，为决策者提供有价值的参考。此外，会计核算还可以根据决策者的需求，为其提供定制化的财务报告和分析，帮助决策者更好地把握企业的财务状况，从而做出更正确的决策。

会计核算通过记录、分类和汇总企业的各项经济活动，形成准确、全面的财务信息。这些信息不仅反映了企业当前的财务状况，还能够揭示企业的发展趋势。通过对历史数据的分析，决策者可以了解企业的成长速度、盈利能力以及运营效率等方面的变化，从而对企业未来的发展作出合理的预测和规划。

同时，会计核算还能够揭示企业的潜在问题。例如，通过对资产负债表、利润表和现金流量表等财务报表的分析，决策者可以发现企业可能存在的财务风险、经营风险以及市场风险等问题。这些问题可能涉及成本控制、库存管理、应收账款管理等方面，如果不加以解决，可能会对企业的长期发展产生负面影响。因此，会计核算能够帮助决策者及时发现并解决这些问题，从而确保企业的稳定发展。

此外，会计核算还可以根据决策者的需求，为其提供定制化的财务报告和分析。不同的决策者关注的财务信息可能有所不同，例如，股东可能更关心企业的盈利能力和股价表现，而债权人则可能更关注企业的偿债能力和

信用状况。因此，会计核算可以根据不同的需求，编制不同类型的财务报告和分析，以满足不同决策者的需求。这些定制化的财务报告和分析有助于决策者更好地了解企业的财务状况，从而做出更正确的决策。

会计核算在财务管理决策中发挥着优化作用。它不仅能够揭示企业的发展趋势与潜在问题，为决策者提供有价值的参考，还能够根据决策者的需求提供定制化的财务报告和分析。因此，企业在制定财务管理决策时，应充分利用会计核算的优势，确保决策的科学性和准确性。同时，企业还应加强对会计核算人员的培训和管理，提高会计核算的质量和效率，为企业的长期发展提供有力的支持。

会计核算在财务管理决策中起到了至关重要的支持作用。通过提供准确可靠的信息、丰富的数据支持、有效的风险控制以及优化的决策方案，会计核算为企业的财务管理决策提供了有力的保障。因此，企业在日常经营中应充分重视会计核算的作用，不断提升会计核算的质量和效率，以更好地支持财务管理决策，实现企业的可持续发展。

未来，随着经济的发展和科技的进步，会计核算将面临更多的挑战和机遇。一方面，企业需要不断提高会计核算的自动化和智能化水平，利用大数据、人工智能等先进技术提升会计核算的效率和准确性；另一方面，企业还需要加强会计核算与财务管理的整合，推动会计核算在财务管理决策中发挥更大的作用。

总之，会计核算对财务管理决策的支持作用不容忽视。企业应充分认识到会计核算的重要性，加强会计核算的建设和管理，以更好地支持财务管理决策，为企业的稳健发展提供有力保障。

第五章　财务管理体系中的会计核算实践

第一节　资金管理的会计核算

一、资金核算概述

(一) 资金核算的定义

资金核算是经济核算的重要内容，主要通过相关的指标计算来衡量固定资金、流动资金的利用效果，同时找出资金利用过程中出现的问题和解决问题的方法。

(二) 资金核算目的

资金核算的目的，是反映、监督资金筹集、资金占用和周转情况，挖掘企业占用财产物资的潜力，加速资金周转，以尽量少的资金占用，生产更多的产品，提高盈利水平。

(三) 资金核算的范围

资金核算包括：本金的构成、资产负债情况，如流动资产、无形资产及递延资产和其他资产、长期投资以及流动负债和长期负债等。企业总结、考核和评价财务状况的指标包括偿债能力指标、营运能力指标。

(四) 资金核算的工作

货币资金核算日常工作内容有：

(1) 办理现金收付，审核审批有据。严格按照国家有关现金管理制度的规定，根据稽核人员审核签章的收款凭证、付款凭证，进行复核，办理款项收付。对于重大的开支项目，必须经过会计主管人员、总会计师或单位领导审核签章，方可办理。收付款后，要在收付款凭证上签章，并加盖"收讫""付讫"戳记。

（2）办理银行结算，规范使用支票。严格控制签空白支票。如果因特殊情况确需签发不填写金额的转账支票时，必须在支票上写明收款单位名称、款项用途、签发日期、规定限额和报销期限，并由领用支票人在专设登记簿上签章。逾期未用的空白支票应交给签发人。对于填写错误的支票，必须加盖"作废"戳记，与存根一并保存。支票遗失时要立即向银行办理挂失手续。不准将银行账户出租、出借给任何单位或个人办理结算。

（3）认真登日记账，保证日清月结。根据已经办理完毕的收付款凭证，逐笔登记现金和银行存款日记账，并结出余额。银行存款日记账的账面余额要及时与银行对账单核对。月末要编制银行存款余额调节表，使账面余额与对账单上余额调节相符。对于未达账款，要及时查询。要随时掌握银行存款余额，不准签发空头支票。

（4）保管库存现金，保管有价证券。对于现金和各种有价证券，要确保其安全和完整无缺。库存现金不得超过银行核定的限额，超过部分要及时存入银行。不得以"白条"抵充现金，更不得任意挪用现金。如果发现库存现金有短缺或盈余，应查明原因，根据情况分别处理，不得私下取走或补足。如有短缺，要负赔偿责任。要保守保险柜密码的秘密，保管好钥匙，不得任意转交他人。

（5）保管有关印章，登记注销支票。出纳人员所管的印章必须妥善保管，并严格按照规定用途使用。但签发支票的各种印章，不得全部交由出纳一人保管。对于空白收据和空白支票必须严格管理，专设登记簿登记，认真办理领用注销手续。

（6）复核收入凭证，办理销售结算。认真审查销售业务的有关凭证，严格按照销售合同和银行结算制度，及时办理销售款项的结算，催收销售货款。发生销售纠纷，货款被拒付时，要通知有关部门及时处理。

（五）资金核算依据

货币资金核算的依据是：

（1）现金管理暂行办法。

(2) 银行账户管理办法。

(3) 支付结算办法。

(4)《中华人民共和国票据法》和《票据管理实施办法》。

(5) 内部核算管理办法。

(6) 证明经济业务发生的有效凭证。

(六) 资金核算要求

企业资金核算的基本要求：

(1) 要核定企业资金的数量。对企业占用和耗费的资金数量进行核定，以便了解企业生产单位产品占用和耗费资金的多少，从而计算企业的资金利润率、评价企业经济效益的高低。

(2) 企业必须有偿使用资金。企业占用的固定资金实行付费制度，促使企业努力提高设备利用率，节约固定资产的耗费。对企业占用的流动资金实行全额信贷制度，限额内的流动资金全部都由企业向银行贷款，促使企业节约使用流动资金。

(3) 要加快企业资金的周转速度。在资金利润率一定的情况下，一定数量的资金周转速度越快，资金的年利润率就越高，年利润量也越多。

(七) 资金核算操作要求

货币资金核算有以下要求：

(1) 货币资金的收付及保管，应由授权批准的专人负责，其他人员不得接触。

(2) 出纳人员不能同时负责总分类账登记保管工作。

(3) 出纳人员不能同时负责非货币资金账户的记账工作。

(4) 出纳人员与货币资金审批人员相分离、实施严格的审批制度。

(5) 货币资金的收付和控制货币资金收支的专用印章不得由一人监管。

(6) 出纳人员应与货币资金的稽核人员、会计档案保管人员相分离。

(7) 负责货币资金收付的人员应与负责现金的清查盘点人员和负责与银行对账的人员相分离。

(8) 建立出纳人员、印章保管人员、会计人员、稽核人员、会计档案保管人员及货币资金清查人员的责任制度。

(9) 货币资金的收付要取得合法有效的凭证。

(10) 会计业务处理及时。

二、资金核算的意义

外贸企业在进口、出口活动中，所发生的国内收购和销售商品，对国外收汇和付汇、企业与企业之间以及企业内部的账款往来、各项费用的开支、上缴税金和利润以及资金的借入与偿还等业务，都必须通过货币资金来进行。

如果企业货币资金的管理和核算上出现收支失控、手续不全、管理混乱、账目不清，就会造成难以补救的浪费和损失，甚至给社会不法分子以可乘之机，影响外贸企业正常的经济业务，甚至可能使企业的资金陷入无法周转的困境。

因此，准确合理地开展货币资金核算，健全管理机制，对有计划安排资金、控制收支平衡、加速资金周转、扩大经营规模、提高经济效益、预防犯罪、保护企业财产的安全，具有重大的意义。

三、资金核算的会计实务

(一) 现金核算

现金是存放在建设单位的库存现金，是流动性最强的一种货币性资产。

建设单位根据具体情况设置"现金"总账账户，用来核算建设单位库存现金的增减变动及节余情况。有外币现金的要分开核算，可以根据不同的币种进行分类核算，设置明细账。"现金"账户属于资产类账户，增加记借方，减少记货方，期末如有余额，余额在借方，表示建设单位库存现金的结存额，记入资产负债表资产方的"货币资金"项目下。对只涉及现金和银行存款的业务，一般只编制付款凭证。对于从银行提取现金的业务，一般只编制银行付款凭证，不再编制现金收款凭证；将现金存入银行，一般只编制现金付款凭证，不再编制银行存款收款凭证。账簿的设置主要有现金总账，现金日记账，外表均为订本式账簿，内在格式均采用三栏式账页。

建设单位收到现金时，借记"现金"，贷记"其他应收款"等有关科目；现购或支付其他支出时，贷记"现金"、借记"待摊投资"等有关科目。

每日终了结算现金收支，财产清查等发现的有待查明原因的现金短缺或溢余，属于现金短缺：

借：待处理财产损失——待处理流动资产损失

　　贷：现金

属于现金溢余：

借：现金

　　贷：待处理财产损失——待处理流动资产损失

待查明原因后作如下处理：如为现金短缺，属于应由责任人赔偿的部分：

借：其他应收款——应收现金短缺款（××个人）

　　贷：待处理财产损失——待处理流动资产损失

由于火灾、水灾等其他原因，经批准：

借：待摊投资——非常损失

　　贷：待处理财产损失——待处理流动资产损失

如为现金溢余，属于应支付给有关人员或单位的：

借：待处理财产损失——待处理流动资产损失

　　贷：其他应付款——应付现金溢余（××个人或单位）

属于无法查明原因的现金溢余：

借：待处理财产损失——待处理流动资产损失

　　贷：待摊投资——非常损失

（二）银行存款的核算

银行存款是建设单位存放在银行或其他金融机构的货币资金。按照国家规定，凡是独立核算的建设单位都必须在当地银行开设账户，以办理存款、取款和支付等结算。中国人民银行发布的《结算办法》规定的国内人民币的支付结算方式包括支票、银行本票、银行汇票、商业汇票、信用卡、托收承付、委托收款、汇兑八种，另外还有国内信用证结算方式等。

银行存款包括人民币存款和外币存款两种。银行存款的收付由出纳人员办理，由专门人员保管空白支票和签发支票。银行存款总账由会计登记掌管，银行存款日记账由出纳人员登记，并每月与银行提供的对账单进行核对，以验证账实是否相符。

建设单位设置的"银行存款"账户用来核算建设单位银行存款收支和结存情况，属于资产类账户。当建设单位收到支票或将现金送存银行时，借记"银行存款"，贷记基建拨款、预算拨款等账户；建设单位提取或支付在银行或其他金融机构的款项时，借记"预付工程款""现金"或费用类的有关科目，贷记"银行存款"。期末如有余额，余额在借方，表示建设单位银行存款的结余数，记入资产负债表资产方的"货币资金"项目下。建设单位应当设置银行存款总账和银行存款日记账，外表均采用订本式账簿，内在格式均采用三栏式账页。

为了保证银行存款核算的准确和安全，建设单位必须进行清查，即对账。银行存款的清查是通过每月将建设单位的银行存款日记账与银行的对账单加以核对。发现错账、漏账，应及时更正。

所谓未达账项，是指银行与建设单位之间，由于凭证传递的时间不一致，导致一方已入账，而另一方未入账的款项。其形成原因是凭证在传递上的时间差，并不是错账、漏账。未达账项具体来说，有四种情况：第一，银行已收建设单位未收的款项；第二，银行已付建设单位未付的款项，如银行代付水电费，或直接从户头上扣除银行借款利息，建设单位尚未收到付款通知；第三，银行未收建设单位已收的款项，如建设单位送存银行的转账支付，银行尚未办妥入账；第四，银行未付建设单位已付的款项，如建设单位开出一张支票，持票人尚未到银行办理结算手续。

调整后的银行存款余额，反映了建设单位可以动用的银行存款实有数额。需要注意的是，银行存款余额调节表仅仅是用来核对建设单位和银行的记录是否有错误，不能够作为调账的依据，未达账项在凭据到达后会自行消失，无须调整。当然，特殊情况下除外。如某建设单位在编制年末会计报表时，获悉有笔大额应收账款已经到账，但尚未收到银行的通知，为了更准确地反映建设单位的真实情况，可暂时入账，并于次年1月1日调回，等到凭证到达时再行入账。

有外汇的建设单位，要报经外汇管理局批准开设外汇账户。外汇账户除核算外币金额外，还应当将外币金额折合为人民币记账，并登记外币金额和折合率，折合率可采用业务发生时的市场汇价，也可采用业务发生当期期初的市场汇价，一经确定以后不得随意变更。期末根据外汇市场汇价调整期末外币账户余额。

调增：

借：银行存款——外币

　　贷：外摊投资——汇兑损益

调减：

借：待摊投资——汇兑损益

　　贷：银行存款——外币

人民币与外币、外币与人民币之间的兑换主要包括：结汇、购汇和换汇。

结汇，将外币换成人民币：

借：银行存款——人民币

　　待摊投资——汇兑损益（损失）

　　贷：银行存款——外币

　　　　待摊投资——汇兑损益（收益）

购汇，将人民币换成外币：

借：银行存款——外币

　　待摊投资——汇兑损益（损失）

　　贷：银行存款——人民币

　　　　待摊投资——汇兑损益（收益）

换汇，将一种外币通过外汇市场交易换成另一种外币：

借：银行存款——A 外币

　　待摊投资——汇兑损益（损失）

　　贷：银行存款——B 外币

　　　　待摊投资——汇兑损益（收益）

（三）其他货币资金的核算

有些货币的存款地点和用途与库存现金和银行存款不同，如外埠存款、银行汇票存款、银行本票存款、信用证存款、信用卡存款和在途货币资金等，这些在会计上统称为其他货币资金。由于建设单位发生此类业务较少，因此不单独设置总账科目核算，一般放在银行存款科目中进行核算。核算方法同银行存款科目，只对有关票据的取得、承兑和签发做备查登记。

（四）银行结算方式

建设单位通过银行办理的转账结算，应根据结算的内容采用银行规定的有关结算方式。

当前的结算方式有：银行汇票、商业汇票、银行本票、支票、汇兑、托收承付、委托收款、信用卡和信用证。银行转账结算，按照结算双方所在地的不同，分为同城结算和异地结算两类。同城结算，指同一城镇范围之内的转账结算，可分别采用支票、银行本票、银行汇票、商业汇票和委托收款等结算方式。异地结算，指不同地区之间的转账结算，可分别采用银行汇票、商业汇票、汇兑、委托收款和异地托收承付等结算方式。

为了反映各种款项的结算情况，促使建设单位认真执行结算制度，遵守结算纪律，会计部门应根据不同结算方式所用的结算凭证和处理手续，做好银行转账结算的核算工作。

当前建设单位常用的银行结算方式有以下几种。

1. 支票结算方式

支票是由付款单位签发，用以通知银行从其存款中支付一定款项。利用支票办理款项的结算，叫作支票结算。

支票有现金支票和转账支票两种。现金支票可以从银行中提取现金，也可以转账。它适用于支付给未在银行开户的单位和个人的小额款项，以及建设单位提取工资、备用金和补足现金的库存限额。转账支票，只能通过银行转账，不得提取现金。它适用于同一城市的商品购销、劳务供应、工程款和其他往来款项的结算。

使用支票结算方式，会计部门必须加强对支票签发的监督。签发支票之前，必须查清银行存款的余额，防止超过存款余额签发空头支票。在签发支票时，必须采取记名方式，写明收款单位名称或收款人，并加盖与预留银行印鉴相符的印章。对签发空头支票或印章与预留银行印鉴不符的支票，银行除退票外，还要按票面金额处以 5% 且不低于 1000 元的罚款。支票不限制起点金额，提示付款期限为 10 天。如遗失已经签发的支票，应及时向银行办理挂失手续。

建设单位签发支票支付款项时，应以留存的支票存根和有关原始凭证作为付款的依据，填制银行存款的付款凭证。收到支票时，应在支票规定的有效期内，及时送存开户银行，送存支票时，应填写一式三联的"进账单"，经银行审核受理并加盖银行印章退回"收账通知"联后，据以填制银行存款的收款凭证。

2. 银行汇票结算方式

银行汇票是汇款人将款项交存当地银行，由银行签发给汇款人持往异地办理转账结算或支取现金的票据。利用银行汇票办理款项的结算，叫作银行汇票结算。银行汇票在使用时比较灵活，持票人可以到银行取款，也可以到指定单位购买物资办理结算，在汇票金额以内根据实际需要用款，多余款项由银行代为退回。

银行汇票一律记名，并规定有效期（目前为一个月）。汇款单位或个人办理银行汇票时，应向签发银行填写"银行汇票委托书"，详细填明兑付地点、收款人名称、用途等内容。银行审核受理收妥款项后，签发银行汇票和汇款"解讫通知"交给汇款单位或个人。银行汇票和"解讫通知"必须由收款人同时提交兑付银行，缺少任何一联均为无效。

汇款单位或个人可以持银行汇票向填明的收款单位办理结算。收款单位受理银行汇票并作审查后，可以在汇款金额以内根据实际需要的款项办理结算，并将实际结算金额和多余金额填入银行汇票和"解讫通知"的有关栏内。银行汇票的多余金额，由签发银行退交汇款单位。

建设单位在填写"银行汇票委托书"并将款项交给银行、取得银行汇票后，应根据银行盖章退回的委托书存根联，填制银行存款的付款凭证。对银行退回的银行汇票多余金额，应根据银行汇票多余款收账通知联，填制银行存款的收款凭证。

3. 汇兑结算方式

汇兑结算方式是付款单位委托银行将款项汇给外地收款单位或个人的一种结算方式。它适用于异地各单位之间资金调拨、清理交易尾款和往来账款、临时性商品交易等款项的结算。建设单位汇给在外地职工的款项，也可采用这种方式。

汇兑分信汇和电汇两种。汇款单位委托银行办理汇兑，应向汇出银行填写信汇、电汇凭证，详细填明汇入地点、汇入银行名称、收款人名称、汇款人名称、汇款用途等内容。汇款单位派人到汇入银行领取汇款，应在信汇、电汇凭证上注明"留行待取"字样。银行审查同意受理后，应在回单联加盖银行印章，退给汇款单位。汇兑日期为汇款人向汇出银行提交汇兑凭证的当日。通过银行汇往外地的临时或零星购货款，应存储在汇入银行的采购专户中，由银行根据当地市场管理规定和规定用途监督使用。建设单位将款项委托当地银行汇往外地银行时，应根据汇款回单填制银行存款的付款凭证。将多余的汇款转回当地银行存款户时，根据银行的收账通知填制银行存款的收款凭证。收款单位对于汇入的款项，应在收到银行收账通知时，填制银行存款的收款凭证。

4. 异地托收承付结算方式

异地托收承付结算是收款单位根据经济合同发货后，委托银行向异地付款单位取款时，付款单位根据经济合同核对单据或验货后，向银行承认付款的一种方式。它适用于异地单位之间有合同协议的商品交易的款项结算。

采用这种结算方式，收款单位按照合同规定，办妥发货手续后，应填写托收承付结算凭证，连同发票和货物发运凭证等一并送交开户银行办理托收手续，并取得回单联备查。银行通过邮寄传递凭证后，由付款单位开户银行将承付支款通知联及所附发票等凭证送交付款单位，付款单位应在规定的承付期内（验单付款为 3 天，验货付款为 10 天）进行审核，如在承付期内未提出异议，就视为同意付款，即以承付支款通知联作为付款依据。银行则于承付期满的次日，主动将款项从付款单位账户付出，通过邮寄或电报划转款项后，由收款单位开户银行将托收承付结算凭证的收款通知联或电划代收补充报单的收款通知联交收款单位，作为收款的依据。

在承付期限内，付款单位经查验单证或实物，如果发现商品的品种、规格、质量、数量与合同规定不符，以及款项已经付过或计算错误等情况，应在承付期内填写拒付理由书，引证合同上有关条款，随附有关证明文件，向银行办理全部拒付或部分拒付的手续。经银行审查签具意见，如果同意拒付，由银行将托收单证连同拒付理由书寄给收款单位开户银行，转交收款单位。付款单位对拒绝付款的商品，应妥善保管，不得动用。

收款单位对于委托的款项，应在收到银行的收款通知联时，根据收款通知联和有关的原始凭证，填制银行存款的收款凭证。付款单位对于承付的款项，应于承付时，根据托收承付结算凭证承付支款通知联和有关发票账单等，填制银行存款的付款凭证。对于既未承付亦未拒付的款项，应于规定的承付期满的次日，填制银行存款的付款凭证。

四、案例分析

(一)案例一：奶牛场的财务资金核算

资金核算包括两方面的内容：固定资金和流动资金的核算。

1. 固定资金的核算

固定资金是固定资产的货币表现。它主要包括：房屋、建筑物、林木、机械设备，以及文化卫生和生活设施等。

固定资产的特点是：

(1)使用年限较长，以完整的实物形态参加多次生产过程，在生产过程中保持固有的物质形态，而随着它们本身的磨损，其价值逐渐转移到新的产品中去。

(2)固定资产一般根据使用年限和单位价值的大小来决定。我国牧场固定资产的标准是使用年限一年以上，单项价值为500元人民币以上。此标准可依据牧场规模的大小进行归类：大中型牧场可以将不足500元的固定资产(指逐年添加的)计入活动资产中，而较小的牧场可以计入固定资产中。固定资产的核算可根据具体的利用情况及折旧率计算，即基本折旧费和大修理折旧费。

计算公式如下：

$$每年基本折旧费 = \frac{固定资产原值 - 残值 + 修理费}{使用年限每年大修}$$

$$大修理折旧费 = \frac{使用年限内大修理次数 \times 每次大修理费用}{使用年限}$$

而衡量固定资产利用效果的经济指标多采用固定资产产值率、固定资产利润率，即每百元固定资产能有多少产值，或多少利润。

$$固定资产产值率 = \frac{全年总产值}{年平均固定资金占用额} \times 100\%$$

$$固定资产利润率 = \frac{全年总利润}{年平均固定资金占用额} \times 100\%$$

2. 流动资金的核算

流动资金是企业在生产和流通过程中使用的周转金，即只参加一次生产过程就被消耗，在生产过程中完全改变其物质形态的资金。

(1)流动资金的存在形式，流动资金在生产过程中依次经过供应、生产、销售3个阶段，表现为3种不同的存在形式。

生产贮备：其实物形式主要体现为饲料、燃料、药品等，此时的流动资金准备投入生产，是生产准备阶段的资金形式。

在产品：其实物形式为犊牛、育成牛、成年母牛等，是介入流动资金投入生产后和取得完整形态产品之前的资金形式，是生产过程的资金。

产成品：一个生产过程结束后的最终产品。

(2)流动资金的利用率评价，流动资金只有在流动的过程中才能体现其价值。从生产开始投入的流动资金到取得产品售出后所得资金的流转过程即为流动资金的周期。

流动资产的周转速度是指流动资金的投入产品售出后投入下一生产过程之前所需的时间。

它的评价指标有以下几种：

$$年周转次数 = \frac{年销售收入}{年流动资金平均占用额}$$

$$周转一次所需的天数 = \frac{360}{年周转的次数}$$

$$每百元收入的流动资金额 = \frac{年流动资金平均占用额}{年销售收入总额} \times 100$$

（二）案例二：养猪场的资金管理与核算

资金管理核算是猪场财务管理的重要组成部分。加强资金管理有利于保证猪场生产经营资金的需要、加速资金的周转，以尽可能少的资金占用和消耗，取得尽可能多的生产经营成果。

1. 猪场资金的概念、构成与分类

猪场从事各种生产经营活动必须具备必要的劳动资料和手段，以及用于支付各项费用进行商品交换的货币，统称猪场的资金。其表现形式为房舍和设备占用的固定资金、猪群、饲料、药品等占用的流动资金、账户中存放的有专项用途的专项基金等。总之，猪场使用的资金可分为三类：固定资金、流动资金和专项资金。固定资金占用的表现形式为固定资产；流动资金占用的表现形式是流动资产；专用资金的账户中待用的专项货币。

2. 提高资金使用效率的途径

（1）提高固定资金利用率，在固定资产投资前应进行科学的论证。其论证内容包括市场可行性、生产工艺技术的经济可行性，选择适当的建筑形式和设备水平，从根本上保证固定资产投资的高效率。对于小型养猪场来说，固定资产一般不要投资过高，因为此类型猪场很难发挥规模效益。

（2）提高流动资金使用效率就是设法降低流动资金占用额。例如，较低的存栏、较高的出栏率、较少的饲料库存且能保证供应、提高生产效率加快流动资金周转速度等。

（3）专项基金要保证专款专用。例如，猪场的更新改造、大修理和专项技术的推广等。其资金应及时保证到位，否则会造成影响生产和效益的严重后果。

3. 资金核算

（1）固定资金的核算：分为固定资金的利用核算和固定资金的折旧核算。利用计算的主要指标有设备利用率、设备生产率、固定资金产值率和固定资金盈利率。其计算方法如下：

$$猪舍、设备时间利用率 = \frac{每年使用总天数}{365} \times 100\%$$

$$猪舍生产量（头／平方米）= \frac{计算期产品产量}{猪舍面积}$$

$$\text{固定资金产值率} = \frac{\text{总产值}}{\text{固定资产平均原值}} \times 100\%$$

$$\text{固定资金盈利率} = \frac{\text{全年盈利总额}}{\text{固定资金占用总额}} \times 100\%$$

折旧费提取是用于对已经磨损消耗的固定资产进行大修和更新准备资金，折旧费必须按期提取逐步积累。这种将固定资产的磨损与消耗转作生产成本的方法被称为折旧，其价值即为折旧费。固定资产的损耗分为有形损耗和无形损耗。有形损耗即为实际财产的损耗；无形损耗即为由于社会发展和技术进步而引起的固定资产的贬值。猪场提取的折旧费应能补偿这两种损耗，历年提取的折旧费累计总额加上固定资产报废时的残值应达到可以更新原固定资产的水平。因此，折旧费每年的提取额应计算准确。在具体提取方法上分为基本折旧和大修理折旧。基本折旧是为更新而提取；大修理折旧是为固定资产的大修理支付费用而提取。具体计算方法为：

$$\text{年基本折旧} = \frac{\text{固定资产原值} - \text{更新时残值} + \text{更新时清理费用}}{\text{使用年限}}$$

$$\text{年大修理折旧} = \frac{\text{每次大修理费用预算} \times \text{使用期大修理次数}}{\text{使用年限}}$$

在实际工作中，为了简化计算，也可以采用综合折旧率计算折旧费，其计算公式为：

$$\text{综合折旧率} = \frac{\text{每年提取的折旧费}}{\text{固定资产原值}} \times 100\%$$

固定资产折旧额 = 固定资产原值 × 综合折旧率（或某项固定资产折旧率）

(2) 流动资金的核算。

流动资金的核算反映猪场流动资金的占用和利用效果。

主要指标有 3 个：流动资金周转率、流动资金盈利率和产值资金率。

计算方法如下：

$$\text{流动资金周转率} = \frac{\text{期内销售总额}}{\text{期内流动资金占用额}} (\text{单位:次}/\text{期})$$

式中计算期一般以年计算（360 天）。此指标也可以按每次周转所需天数表示，更方便、更直观。

$$流动资金盈利率 = \frac{期内盈利总额}{期内平均流动资金占用额} \times 100\%$$

$$产值资金率 = \frac{定额流动资金平均占用额}{总产值} \times 100\%$$

第二节　成本管理的会计核算

一、成本核算概述

（一）成本核算的定义

成本核算是指将企业在生产经营过程中发生的各种耗费按照一定的对象进行分配和归集，以计算总成本和单位成本。成本核算通常以会计核算为基础，以货币为计算单位。成本核算是成本管理的重要组成部分，对于企业的成本预测和企业的经营决策等存在直接影响。进行成本核算，首先审核生产经营管理费用，看其是否已发生，是否应当发生，已发生的是否应当计入产品成本，实现对生产经营管理费用和产品成本直接的管理和控制。其次对已发生的费用按照用途进行分配和归集，计算各种产品的总成本和单位成本，为成本管理提供真实的成本资料。

（二）成本核算的目的

（1）构建全面的企业成本管理思维，寻求改善企业成本的有效方法。

（2）跳出传统的成本控制框架，从公司整体经营的角度，更宏观地分析并控制成本。

（3）掌握成本核算的主要方法及各自的优缺点，根据情况的变化改良现有的核算体系。

（4）掌握成本分析的主要方法，为决策者提供关键有效的成本数字支持。

(三) 成本核算的意义

成本核算是成本管理工作的重要组成部分，它是将企业在生产经营过程中发生的各种耗费按照一定的对象进行分配和归集，以计算总成本和单位成本。成本核算的正确与否，直接影响企业的成本预测、计划、分析、考核和改进等控制工作，同时也对企业的成本决策和经营决策的正确与否产生重大影响。成本核算过程，是对企业生产经营过程中各种耗费如实反映的过程，也是为更好地实施成本管理进行成本信息反馈的过程，因此，成本核算对企业成本计划的实施、成本水平的控制和目标成本的实现起着至关重要的作用。

做好计算成本工作，首先要建立健全原始记录；建立并严格执行材料的计量、检验、领发料、盘点、退库等制度；建立健全原材料、燃料、动力、工时等消耗定额；严格遵守各项制度规定，并根据具体情况确定成本核算的组织方式。

通过成本核算，可以检查、监督、考核预算和成本计划的执行情况，反映成本水平，对成本控制的绩效以及成本管理水平进行检查和测量，评价成本管理体系的有效性，研究在何处可以降低成本，进行持续改进。

二、成本核算要求

(一) 主要原则

计算成本应遵循的原则。主要包括：

(1) 合法性原则。指计入成本的费用都必须符合法律、法令、制度等的规定。不合规定的费用不能计入成本。

(2) 可靠性原则。包括真实性和可核实性。真实性就是所提供的成本信息与客观的经济事项相一致，不应掺假，或人为地提高、降低成本。可核实性指成本核算资料按一定的原则由不同的会计人员加以核算，都能得到相同的结果。真实性和可核实性是为了保证成本核算信息的正确可靠。

(3) 相关性原则。包括成本信息的有用性和及时性。有用性是指成本核算要为管理当局提供有用的信息，为成本管理、预测、决策服务。及时性是强调信息取得的时间性。通过及时的信息反馈，可及时地采取措施，改进工作。

（4）分期核算原则。企业为了取得一定期间所生产产品的成本，必须将川流不息的生产活动按一定阶段（如月、季、年）划分为各个时期，分别计算各期产品的成本。成本核算的分期，必须与会计年度的分月、分季、分年相一致，这样可以便于利润的计算。

（5）权责发生制原则。应由本期成本负担的费用，不论是否已经支付，都要计入本期成本；不应由本期成本负担的费用（已计入以前各期的成本，或应由以后各期成本负担的费用），虽然在本期支付，也不应计入本期成本，以便正确提供各项的成本信息。

（6）实际成本计价原则。生产所耗用的原材料、燃料、动力要按实际耗用数量的实际单位成本计算，完工产品成本的计算要按实际发生的成本计算。原材料、燃料、产成品的账户可按计划成本（或定额成本、标准成本）加、减成本差异，以调整到实际成本。

（7）一致性原则。成本核算所采用的方法，前后各期必须一致，以使各期的成本资料有统一的口径，前后连贯，互相可比。

（8）重要性原则。对于成本有重大影响的项目应作为重点，力求精确。而对于那些不太重要的琐碎项目，则可以从简处理。

（二）核算方法

（1）正确划分各种费用支出的界限，如收益支出与资本支出、营业外支出的界限，产品生产成本与期间费用的界限，本期产品成本和下期产品成本的界限，不同产品成本的界限，在产品和产成品成本的界限等。

（2）认真执行成本开支的有关法规规定，按成本开支范围处理费用的列支。

（3）做好成本核算的基础工作，包括：建立和健全成本核算的原始凭证和记录、合理的凭证传递流程；制定工时、材料的消耗定额，加强定额管理；建立材料物资的计量、验收、领发、盘存制度；制定内部结算价格和内部结算制度。

（4）根据企业的生产特点和管理要求，选择适当的成本计算方法，确定成本计算对象、费用的归集与计入产品成本的程序、成本计算期、产品成本在产成品与在产品之间的划分方法等。成本计算方法有品种法、分批法和分步法，此外还有分类法、定额法等多种。

(三) 核算要点

(1) 确定成本核算的目的。成本核算有多种目的，如存货计价、计算销售成本和确定收益；成本决策和成本控制；产品定价等。

(2) 确定成本核算的对象。不同核算目的决定了对象的多样化。如以各种、各批、各生产步骤产品作为对象，计算产品的总成本和单位成本；以各个责任单位为对象，计算责任成本等。

(3) 确定成本核算的内容。成本核算内容一般包括费用归集分配与产品成本计算两部分。费用归集分配要求，首先必须确定成本开支的范围，明确各种费用支出的界限，对于不应计入产品成本的予以剔除；然后测定和记录所积累的成本数据，按照一定程序进行归集，采用一个标准在各个成本核算对象间进行分配，以汇总所耗用的费用总数。产品成本计算就是按照成本计算对象，把汇总的费用进行分配，计算出各个对象的总成本和单位成本。在工业企业，由于一个企业往往生产多种产品，而且月末通常存在在产品，因此还要将生产过程的费用在各种产品之间、产成品和在产品之间进行分配，以求得各种产成品的总成本和单位成本。

三、程序步骤

成本核算程序是指从生产费用发生开始，到算出完工产品总成本和单位成本为止的整个成本计算的步骤。成本核算程序一般分为以下几个步骤：

(1) 生产费用支出的审核。对发生的各项生产费用支出，应根据国家、上级主管部门和该企业的有关制度、规定进行严格审核，以便对不符合制度和规定的费用，以及各种浪费、损失等加以制止或追究经济责任。

(2) 确定成本计算对象和成本项目，开设产品成本明细账。企业的生产类型不同，对成本管理的要求不同，成本计算对象和成本项目也就有所不同，应根据企业生产类型的特点和对成本管理的要求，确定成本计算对象和成本项目，并根据确定的成本计算对象开设产品成本明细账。

（3）进行要素费用的分配。对发生的各项要素费用进行汇总，编制各种要素费用分配表，按其用途分配并计入有关的生产成本明细账。对能确认某一成本计算对象耗用的直接计入费用，如直接材料、直接工资，应直接记入"生产成本——基本生产成本"账户及其有关的产品成本明细账；对于不能确认某一费用的，则应按其发生的地点或用途进行归集分配，分别记入"制造费用""生产成本——辅助生产成本"和"废品损失"等综合费用账户。

（4）进行综合费用的分配。对记入"制造费用""生产成本——辅助生产成本"和"废品损失"等账户的综合费用，月终采用一定的分配方法进行分配，并记入"生产成本——基本生产成本"以及有关的产品成本明细账。

（5）进行完工产品成本与在产品成本的划分。通过要素费用和综合费用的分配，将所发生的各项生产费用的分配，所发生的各项生产费用均已归集在"生产成本——基本生产成本"账户及有关的产品明细账中。在没有在产品的情况下，产品成本明细账所归集的生产费用即为完工产品总成本；在有在产品的情况下，就需将产品成本明细账所归集的生产费用按一定的划分方法在完工产品和月末在产品之间进行划分，从而计算出完工产品成本和月末在产品成本。

（6）计算产品的总成本和单位成本。在品种法、分批法下，产品成本明细账中计算出的完工产品成本即为产品的总成本；在分步法下，则需根据各生产步骤成本明细账进行逐步结转或平行汇总，才能计算出产品的总成本。以产品的总成本除以产品的数量，就可以计算出产品的单位成本。

四、成本核算的方法

（1）设立材料明细账，按主材、辅材分类。

（2）确定工时单耗（可以是计划工时，也可是实际工时）。

（3）按生产计划（或作业单）投料。

（4）汇总直接费用（动力费、制造费、直接人工费），并按工时分摊费用。

（5）按完工产品品种数量结转完工成本（在产品材料核算可以分步投料或全额投料或约当比例，生产周期短的在产品可以不分摊费用，待完工时时再分摊费用）。

（6）期初在产 + 本期投产 - 本期完工 = 本期在产（生产成本借方余额）。

五、成本核算的作用

在现代成本管理的过程中，预测、决策、分析、控制和核算都是密不可分的，在预测、决策中要进行成本的分析，要对企业之前核算的数据进行研究，并且核算的数据也是其他各个环节的依据。小微企业实行成本核算和成本控制的作用如下：

发现客户利润贡献度。成本分析有一个很重要的功能就是可以发现不同客户对小微企业的利润贡献度（包括利润率和利润额），由于产品的利润率和客户的加权平均利润率是不同的，所以，小微企业要不断筛选、开发有价值的产品和客户，并为此类客户提供更优质的产品和服务，以得到最大的利润。

建立业务考核的参考。市场竞争的激励程度迫使小微企业必须制定多项指标对业务员的业绩进行考核，业务质量指标理应成为其中之一。所谓业务质量也就是产品的计划毛利（成交价与产品的计划成本价的差异）。但不能简单地把产品的实际成本失控归咎于业务员。有了透明、公正、可操作性强的业务标准，业务员的业务取向就可得到正确的引导，从而可以使小微企业降低业务风险。

企业通过实行各种有效的成本核算和成本控制方法，可以提高利润率，降低企业业务风险，促使企业各部门更加重视成本控制，调动企业中层管理人员及员工的积极性，从而促进企业的持续稳定发展。成本核算是加强小微企业成本管理的重要环节，成本核算与成本控制对企业的利润政策、周转政策和结构政策产生影响，进而影响到企业的投资收益。

第三节　利润管理的会计核算

一、利润核算的定义

利润核算是对企业生产经营过程中利润（或亏损）的形成、实现和分配（或亏损弥补）的记录和计算。在经济核算制的基础上，正确地核算利润，能促使企业贯彻执行国家的方针、政策和计划，改善经营管理，增收节支，扭亏增盈，监督企业按时、足额地向国家缴纳税金或上缴利润，严格监督利润分配和使用，为考核利润计划的执行情况和编制会计报表提供资料。

二、利润核算的内容

利润核算包括：利润或亏损形成和实现的核算、利润分配（或亏损弥补）的核算。利润或亏损形成和实现的核算指对产品销售利润、其他销售利润、营业外收支净额三部分分别核算。有时为了具体反映和监督，还要按明细项目进行明细分类核算。利润分配核算，应分别核算提取的企业基金，提取的利润留成资金，解缴预算的利润，归还专项借款的利润，归还基建借款的利润，预算弥补亏损等。

三、利润核算原则

利润核算原则包括两方面：一是权责发生制，二是收入和费用的配比。如果经济业务的确认、计量建立在权责发生制基础上，这就要求利润核算建立在对经济业务的权责归属和现金收支期间区分开的基础上，即通过运用递延、待摊、应计、预提等会计方法和程序加以适当划分，从而正确反映各个会计期间的业务状况。利润核算时以权责发生制为基础；对收入和费用确认时，要通过一定的会计方法和程序，以调节权责发生制和收付实现制的不一致状况，如预提是对尚未现金支出但已发生的费用项目的确认。

四、利润核算方法

利润核算是企业经营管理中非常重要的一环，它直接关系到企业的经营成果和盈利能力。因此，选择合适的利润核算方法对企业的经营决策和财务管理至关重要。下面我们将介绍几种常用的利润核算方法。

首先，我们来谈谈"全成本法"。全成本法是指将企业所有的成本都计入产品成本，包括直接材料、直接人工、生产制造费用以及管理费用和销售费用等。这种方法能够全面地反映产品的成本，有利于企业对产品定价和成本控制的决策。

其次，我们介绍"可变成本法"。可变成本法是指只将与产品生产直接相关的可变成本计入产品成本，而固定成本则在企业总体利润核算中进行考虑。这种方法在短期经营决策中较为常用，能够帮助企业更好地控制成本，提高短期盈利能力。

再次，还有"直接成本法"。直接成本法是指将与产品生产直接相关的成本计入产品成本，而间接成本则在企业总体利润核算中进行考虑。这种方法能够更加准确地反映产品的成本。

最后，我们要提及"活动成本法"。活动成本法是指将成本与活动相关联，通过对活动的分析来确定产品成本。这种方法能够帮助企业更好地理解成本的形成过程，有利于精细化管理和成本控制。

不同的利润核算方法适用于不同的经营决策和管理需求。企业在实际应用中应根据自身的特点和经营需求选择合适的利润核算方法，以提高经营效益和盈利能力。同时，企业还应不断优化利润核算方法，以适应市场变化和经营管理的需要，实现可持续发展和长期盈利。

第六章 财务管理体系与会计核算的协同发展

第一节 财务管理与会计核算的整合

一、财务管理与会计核算整合的意义

在现代企业运营中，财务管理与会计核算无疑是两大核心要素。财务管理涉及资金的筹措、运用、分配及监控，而会计核算则是对企业经济活动的记录、计量、报告。这两者在实践中虽然有所区别，但更多的是相互依存、相互促进的关系。因此，财务管理与会计核算的整合，对于企业的健康发展具有深远的意义。

首先，财务管理与会计核算的整合有助于提高企业的决策效率。财务管理需要依赖会计核算提供的数据和信息来制定财务策略，而会计核算则需要财务管理的指导和规范来保证信息的准确性和可靠性。两者的整合使得企业能够更快速地获取决策所需的信息，减少信息传递的延误和失真，从而做出更加准确、及时的决策。

其次，财务管理与会计核算的整合有助于提升企业的风险管理能力。财务管理通过对资金流的监控和分析，能够及时发现和评估企业面临的各种风险；而会计核算则通过记录和报告企业的经济活动，为风险管理提供了基础数据。两者的整合使得企业能够更全面地识别和评估风险，制定有效的风险应对措施，降低潜在风险对企业的影响。

再次，财务管理与会计核算的整合还有助于优化企业的资源配置。财务管理通过对资金流的优化和配置，能够实现企业资源的最大化利用；而会计核算则通过记录和报告资源的消耗和产出，为资源的合理配置提供了依据。两者的整合使得企业能够更加精准地把握资源的流向和效率，实现资源的优化配置，提高企业的经济效益。

最后，财务管理与会计核算的整合也是企业信息化建设的必然趋势。

随着信息技术的不断发展，企业的财务管理和会计核算工作越来越依赖于信息系统和工具。两者的整合有助于实现数据的共享和流程的整合，提高企业的信息化水平和工作效率。

财务管理与会计核算的整合对于企业的健康发展具有重要意义。它不仅能够提高企业的决策效率和风险管理能力，还能优化资源配置和推动信息化建设。因此，企业应当重视财务管理与会计核算的整合工作，加强两者的协调与配合，为企业的长远发展奠定坚实的基础。

二、财务管理与会计核算整合的基础

在现代企业管理中，财务管理与会计核算作为两大核心要素，共同构成了企业经济活动的基础框架。随着市场经济的不断发展和企业经营环境的日益复杂，财务管理与会计核算的深度整合成为提升企业管理水平、增强企业竞争力的关键所在。下面将从多个维度探讨财务管理与会计核算整合的基础。

(一) 理论基础

财务管理与会计核算的整合，首先建立在扎实的理论基础之上。财务管理主要涉及资金筹集、投资、运营及分配等方面，强调对企业资金流动的全面规划和控制；而会计核算则是对企业经济活动进行确认、计量、记录和报告的过程，为财务管理提供准确的数据支持。两者在理论上的相互补充和支撑，为它们的整合奠定了坚实的基础。

(二) 信息共享

财务管理与会计核算的整合离不开信息的共享与互通。通过建立完善的信息系统，实现财务数据与会计信息的实时传递和共享，可以大大提高企业决策的效率和准确性。同时，信息共享还有助于减少信息孤岛现象，促进企业内部各部门之间的协同合作，共同推动企业目标的实现。

(三) 标准统一

财务管理与会计核算在标准上的统一是实现整合的重要前提。无论是会计准则的制定还是财务管理制度的完善，都需要确保两者在基本概念、计量原则、报表格式等方面的统一性和协调性。这样既能保证财务信息的准确性和可靠性，又能提高财务管理的效率和效果。

(四) 人才支撑

财务管理与会计核算的整合需要一支高素质、专业化的人才队伍作为支撑。这些人才不仅需要具备扎实的财务和会计专业知识，还需要具备丰富的实践经验和敏锐的市场洞察力。通过加大人才培养和引进力度，不断提升企业财务管理和会计核算人员的整体素质，可以为两者的整合提供有力的人才保障。

(五) 风险管控

在财务管理与会计核算整合的过程中，风险管控同样不可忽视。企业需要建立完善的风险管理机制，对可能出现的风险进行预测、评估和控制。同时，通过加强内部审计和内部控制，确保财务管理和会计核算活动的合规性和有效性，降低因整合而带来的潜在风险。

综上所述，财务管理与会计核算的整合建立在理论基础、信息共享、标准统一、人才支撑和风险管控等多个基础之上。这些基础相互交织、相互促进，共同推动着企业管理水平的提升和竞争力的增强。因此，企业在实践中应充分重视并加强这些基础的建设和完善，以实现财务管理与会计核算的深度整合和协同发展。

三、财务管理与会计核算整合的原则

在现代企业运营中，财务管理与会计核算的紧密结合至关重要。这两者虽然各自承担不同的职责，但它们共同构成了企业经济活动的核心框架。财务管理主要负责资金的筹集、运用、分配和监控，而会计核算则侧重于对企业经济活动的记录、分类、汇总和报告。因此，实现财务管理与会计核算的整合，有助于提升企业的经济效益和决策水平。

在财务管理与会计核算的整合过程中，应遵循以下原则。

(一) 信息共享原则

财务管理与会计核算的整合首先要实现信息的共享与互通。会计核算提供的数据是财务管理的基础，而财务管理的决策和规划又需要会计核算的实时反馈。因此，双方应建立有效的信息共享机制，确保信息的准确性和及时性，为企业的决策提供有力支持。

(二) 目标一致原则

财务管理和会计核算的目标都是服务于企业的整体战略目标。因此，在整合过程中，双方应明确共同的目标，形成合力，推动企业实现可持续发展。无论是财务管理还是会计核算，都应紧密围绕企业的战略目标，制订相应的工作计划和措施。

(三) 协调配合原则

财务管理与会计核算的整合需要双方协调配合，形成紧密的工作关系。在实际操作中，双方应建立定期沟通机制，共同分析企业经济状况，探讨改进措施。同时，双方还应相互支持，共同应对各种经济风险和挑战。

(四) 监督制衡原则

在整合过程中，财务管理与会计核算应相互监督、相互制衡。财务管理部门应对会计核算过程进行监督和检查，确保其合规性和准确性；而会计核算部门则应提供真实、完整的财务数据，为财务管理提供有力支持。这种监督制衡的关系有助于确保企业经济活动的合规性和稳健性。

(五) 创新优化原则

随着市场环境的不断变化和企业的发展需求，财务管理与会计核算的整合需要不断创新和优化。双方应积极探索新的整合模式和方法，提高工作效率和质量。同时，还应关注新技术、新方法的应用，推动财务管理和会计核算的数字化转型，提升企业的竞争力。

总之，财务管理与会计核算的整合是企业提升经济效益和决策水平的重要途径。在实际操作中，双方应遵循信息共享、目标一致、协调配合、监督制衡和创新优化等原则，共同推动企业实现可持续发展。通过不断探索和实践，财务管理与会计核算的整合将为企业带来更多的机遇和挑战，推动企业在激烈的市场竞争中脱颖而出。

第二节　财务管理与会计核算的协同发展策略

财务管理与会计核算作为企业经济活动的两大核心环节，其协同发展对于提升企业运营效率、优化资源配置、实现经济效益最大化具有至关重要的作用。然而，在实际操作过程中，两者往往存在脱节或矛盾，影响了企业的整体运营效果。因此，制定一套科学合理的协同发展策略，对于推动企业财务管理与会计核算的深度整合，提升企业管理水平具有重要意义。

一、建立统一的管理与核算体系

建立统一的管理与核算体系，可以确保财务管理和会计核算的数据来源一致，减少因信息不对称造成的决策失误。同时，统一的管理与核算体系可以优化企业内部流程，提高工作效率，降低运营成本。此外，统一体系还有助于提升企业的信息透明度，增强企业的信誉度，为企业的长远发展奠定坚实的基础。

统一的管理与核算体系包括统一的管理制度、核算方法和操作流程，确保两者在数据处理、信息传递、决策支持等方面能够无缝对接。

（一）管理制度层面的措施

1. 完善财务管理与会计核算的法律法规

建立健全财务管理与会计核算相关的法律法规体系，为两者的协同发展提供法律保障。通过明确各自的职责和权利，规范企业的财务行为和会计核算操作，确保信息的真实性和准确性。

2. 制定统一的财务与会计管理制度

企业应制定涵盖财务管理和会计核算在内的统一管理制度，明确各项财务活动的程序和标准，规范会计核算的方法和流程。这有助于确保两者在业务操作上的协调一致，提高工作效率。

3.强化内部控制和风险管理

建立健全内部控制机制，加强对财务管理和会计核算的监督和检查，及时发现和纠正存在的问题。同时，加强风险管理，对企业面临的财务风险进行预测和评估，并制定相应的防范措施，确保企业的财务安全。

（二）核算方法层面的措施

1.采用先进的会计核算方法

企业应积极引进和应用先进的会计核算方法和技术，如电算化会计、智能化核算等，提高会计核算的准确性和效率。这有助于为财务管理提供更加准确的数据支持，促进两者的协同发展。

2.统一财务与会计的核算口径

为了实现财务管理与会计核算的协同，应统一两者的核算口径和报表格式。这有助于确保信息的可比性和一致性，方便管理层进行决策分析。

3.加强财务与会计的信息共享

建立财务与会计的信息共享机制，实现两者之间的数据互通和资源共享。这有助于减少重复劳动，提高工作效率，同时也有助于加强两者之间的沟通和协作。

（三）操作流程层面的措施

1.优化财务管理与会计核算的流程

通过梳理和优化财务管理与会计核算的流程，减少不必要的环节和重复劳动，提高工作效率。同时，确保流程的规范化和标准化，降低操作风险。

2.加强财务与会计人员的沟通与协作

建立财务与会计人员定期沟通和协作的机制，促进双方之间的信息交流和工作配合。通过共同研究和解决问题，提升财务管理与会计核算的协同效果。

3. 推行财务与会计一体化管理

逐步实现财务与会计的一体化管理，将两者紧密结合在一起，形成一个有机的整体。这有助于实现信息的实时共享和监控，提高决策的及时性和准确性。

综上所述，财务管理与会计核算的协同发展是企业提升经济效益和市场竞争力的重要途径。通过建立统一的管理与核算体系，完善管理制度、优化核算方法以及规范操作流程，可以实现两者的有效协同，推动企业持续健康发展。

二、加强财务管理与会计核算的信息化建设

随着信息技术的迅猛发展，财务管理与会计核算作为企业管理的重要组成部分，正面临着前所未有的发展机遇与挑战。如何实现两者的协同发展，提升企业的运营效率和管理水平，已成为企业亟待解决的问题。

(一) 信息化建设的必要性

财务管理与会计核算的信息化建设，是指利用现代信息技术手段，对财务数据和会计信息进行采集、处理、分析和存储，实现财务流程的自动化、智能化和高效化。这一举措的必要性主要体现在以下方面。

(1) 提高工作效率：通过信息化手段，可以大大缩短数据处理时间，减少人为错误，提高财务和会计工作的准确性和效率。

(2) 加强数据安全性：信息化建设能够实现数据的集中存储和备份，有效防止数据丢失和泄露，确保企业财务信息的安全可靠。

(3) 便于决策分析：信息化系统能够提供实时、全面的财务数据和会计信息，为企业决策提供有力支持，帮助企业更好地把握市场机遇和应对风险。

(二) 协同发展策略

(1) 构建一体化信息平台：企业应建立财务管理与会计核算一体化信息平台，实现数据共享和业务协同。通过该平台，财务部门可以实时获取会计核算数据，进行财务分析和预测；而会计部门则能够利用财务数据，完善会

计核算流程，提高核算质量。

（2）优化业务流程：企业应结合信息化建设，对财务管理和会计核算的业务流程进行优化和重构。通过简化流程、减少环节、明确职责等方式，提高工作效率和质量，降低运营成本。

加强财务管理与会计核算的信息化建设，是实现两者协同发展的关键举措。通过构建一体化信息平台、优化业务流程等措施，企业可以有效提升财务管理和会计核算的效率和质量，为企业的可持续发展提供有力保障。

展望未来，随着云计算、大数据、人工智能等技术的不断发展，财务管理与会计核算的信息化建设将呈现出更加智能化、自动化的趋势。企业应积极采用新技术，不断创新管理模式和手段，推动财务管理与会计核算的协同发展，为企业创造更大的价值。

三、提升财务管理与会计核算人员的专业素质

随着全球经济的飞速发展，财务管理与会计核算作为企业运营中不可或缺的一环，其重要性日益凸显。这两大领域的协同发展不仅能够提升企业的运营效率，还能为企业的战略决策提供有力支持。然而，要实现财务管理与会计核算的协同发展，提升相关人员的专业素质至关重要。

财务管理涉及企业的资金筹集、资金运用和利润分配等方面，而会计核算则主要关注企业的经济活动的记录和报告。两者在功能上相互补充，共同构成企业财务管理的完整体系。因此，提升财务管理与会计核算人员的专业素质，有助于加强两者之间的协同作用，提高企业的财务管理水平。

针对财务管理人员，我们需要关注他们的战略规划能力和风险控制能力。他们应该具备扎实的财务知识，能够深入理解企业的财务状况和经营成果，为企业的战略决策提供有力支持。同时，他们还应具备敏锐的风险意识，能够及时发现并应对潜在的财务风险。因此，我们可以通过定期的培训和学习，提升财务管理人员的专业素质，使他们更好地履行职责。

对会计核算人员来说，他们的主要任务是确保企业经济活动的真实、准确和完整记录。因此，他们需要具备扎实的会计基础知识和严谨的工作态度。此外，随着信息技术的发展，会计核算工作也越来越依赖于先进的财务软件和技术。因此，我们还需要加强对会计核算人员的技能培训，使他们能

够熟练掌握和运用各种财务软件和技术，提高工作效率和质量。

除了专业培训外，我们还应该注重财务管理与会计核算人员的沟通与协作。在实际工作中，这两个领域的人员需要密切合作，共同解决企业在运营过程中遇到的各种财务问题。因此，我们可以通过定期的交流和讨论，增进彼此之间的了解和信任，形成一支高效、协作的团队。

总之，提升财务管理与会计核算人员的专业素质是实现两者协同发展的关键。我们需要通过专业培训、技能提升和团队协作等多种方式，不断提高他们的专业水平和综合素质，为企业的财务管理和会计核算工作提供有力的人才保障。只有这样，我们才能确保财务管理与会计核算的协同发展，为企业的发展注入源源不断的动力。

四、强化风险管理与内部控制

财务管理与会计核算的协同发展，必须建立在健全的风险管理和内部控制体系之上。企业需要建立完善的风险预警机制和内部控制流程，对财务管理和会计核算过程中可能出现的风险进行识别和评估，并采取有效措施进行防范和控制。同时，还应加大内部审计和监察力度，确保各项制度得到有效执行，降低企业运营风险。

(一) 强化风险管理

在现代企业中，财务管理与会计核算的协同发展对于提升企业的运营效率、优化资源配置以及降低经营风险具有不可忽视的作用。特别是在当前复杂多变的市场环境下，强化风险管理更是这两大职能协同发展的关键所在。

1. 建立健全的风险管理体系

企业应建立全面、系统的风险管理体系，将风险管理贯穿于财务管理和会计核算的各个环节。这包括风险识别、评估、监控和应对等方面，确保企业能够及时发现并应对潜在风险。同时，财务管理和会计核算部门应密切配合，共同制定风险管理策略和措施，确保风险管理的有效实施。

2. 提升财务管理与会计核算人员的风险意识

企业应加强对财务管理和会计核算人员的风险意识培训和教育，使他们充分认识到风险管理的重要性。同时，鼓励员工积极参与风险管理工作，提出有价值的意见和建议。通过提升员工的风险意识，有助于及时发现和应对潜在风险，降低企业的损失。

3.利用信息技术提升风险管理水平

随着信息技术的发展，企业应充分利用现代科技手段提升风险管理水平。例如，通过大数据、人工智能等技术手段对财务数据进行深度挖掘和分析，发现潜在风险并提前预警。此外，建立风险管理信息系统也有助于提高风险管理的效率和准确性。

4.加强外部合作与交流

企业应加强与其他企业、金融机构以及监管部门的合作与交流，共同应对市场风险。通过分享风险管理经验、探讨风险管理策略以及参与行业风险研究等活动，不断提升企业的风险管理水平。同时，密切关注市场动态和政策变化，及时调整风险管理策略，确保企业的稳健发展。

综上所述，财务管理与会计核算的协同发展对于强化风险管理具有重要意义。企业应从建立健全的风险管理体系、加强内部控制与审计监督、提升员工风险意识、利用信息技术提升风险管理水平以及加强外部合作与交流等方面入手，全面提升企业的风险管理能力。通过强化风险管理，企业可以更好地应对市场挑战和不确定性因素，实现持续稳健的发展。

（二）加强内部控制

随着市场经济的不断发展和企业规模的不断扩大，财务管理与会计核算的协同发展成为企业稳健经营、高效运作的重要保障。在这一背景下，加强内部控制显得尤为重要，它不仅有助于提升企业的财务管理水平，还能有效防范和降低各类风险。

加强内部控制是财务管理与会计核算协同发展的基石。内部控制是企业内部各层级、各部门之间为实现既定目标而采取的一系列管理措施和程序的总称。通过建立健全的内部控制制度，企业可以确保财务信息的真实、准确和完整，为会计核算提供有力的支撑。同时，内部控制还能够规范企业的财务活动，确保资金的安全和有效使用，从而推动财务管理的规范化、科学化和精细化。

加强内部控制有助于提升财务管理效率。在内部控制的框架下，企业可以明确各部门、各岗位的职责和权限，形成相互制约、相互监督的工作机制。这不仅可以减少财务管理中的漏洞和失误，还能够提高财务决策的科学性和准确性。此外，通过加强内部控制，企业还可以及时发现和纠正财务管理中存在的问题，确保企业的财务状况始终处于良好的状态。

加强内部控制有助于降低企业风险。在市场竞争日益激烈的今天，企业面临着来自各方面的风险挑战。通过加强内部控制，企业可以建立起风险预警和应对机制，及时发现并应对潜在的风险因素。同时，内部控制还能够规范企业的业务操作流程，减少因人为因素导致的风险事故。这对于保障企业的稳健经营和可持续发展具有重要意义。

加强内部控制是实现财务管理与会计核算协同发展的关键所在。企业应当从以下方面入手，加强内部控制建设。

一是完善内部控制体系。企业应结合自身实际情况，建立健全的内部控制制度体系，明确各项财务活动的流程和标准，确保内部控制的全面性和有效性。

二是加大内部控制执行力度。企业应加强对内部控制制度的宣传和培训，提高员工的内部控制意识和能力。同时，还应建立内部控制的监督检查机制，定期对内部控制制度的执行情况进行检查和评估，确保各项制度得到有效执行。

三是强化内部审计监督。企业应设立独立的内部审计机构，对内部控制制度的建立和执行情况进行审计监督。通过内部审计的开展，企业可以及时发现和纠正内部控制中存在的问题和不足，推动内部控制体系的不断完善和优化。

总之，加强内部控制是实现财务管理与会计核算协同发展的重要手段。企业应充分认识到内部控制在财务管理中的重要作用，采取有效措施加强内部控制建设，为企业的稳健经营和可持续发展提供有力保障。

（三）加强审计监督

在现代企业管理中，财务管理与会计核算作为两大核心职能，其协同发展的重要性不言而喻。随着市场环境的不断变化和企业规模的日益扩大，加强审计监督成为推动财务管理与会计核算协同发展的关键策略。

审计监督在财务管理与会计核算协同发展中扮演着至关重要的角色。通过审计监督，企业可以确保财务信息的真实性和准确性，为决策提供有力支持。同时，审计监督还能促进企业内部控制体系的完善，提升管理效率，降低经营风险。

为了加强审计监督，企业需要采取一系列有效措施。首先，建立健全内部审计制度，明确审计职责和权限，确保审计工作的独立性和权威性。其次，加强对审计人员的培训和教育，提高其专业素质和业务能力，使其能够更好地履行审计职责。此外，企业还应引入第三方审计机构进行外部审计，以客观、公正的态度对企业的财务管理和会计核算进行全面评估。

在实施加强审计监督的过程中，企业还需关注财务管理与会计核算的协同发展。一方面，企业应优化财务管理流程，提高会计核算的准确性和及时性，为审计监督提供有力保障。另一方面，企业应加强财务管理与会计核算之间的沟通与协作，共同推动企业内部管理水平的提升。

当然，加强审计监督并非一蹴而就的过程，需要企业在实践中不断探索和完善。企业应根据自身的实际情况和市场环境，制订切实可行的审计监督方案，并定期对审计工作进行总结和评估，以便及时调整和优化。

总之，加强审计监督是推动财务管理与会计核算协同发展的关键策略。企业应充分认识到审计监督的重要性，并采取有效措施加强审计工作，提升企业内部管理水平，为企业的稳健发展奠定坚实基础。

五、推动财务管理与会计核算的国际化发展

在全球化的大背景下，财务管理与会计核算的国际化发展已经成为企业不可或缺的战略选择。这不仅有助于企业更好地适应国际经济环境，提升国际竞争力，还能为企业的长远发展奠定坚实基础。因此，推动财务管理与会计核算的协同国际化发展，成为企业亟待解决的重要课题。

（一）加强国际化财务管理与会计核算的制度建设

为了实现财务管理与会计核算的国际化发展，首先需要建立一套与国际接轨的管理与核算制度。这包括完善财务报告制度，确保财务信息的透明

度和可比性；加强内部控制，确保财务管理和会计核算的准确性和合规性；同时，还需要制定国际化财务风险管理策略，以应对复杂多变的国际经济环境。

(二) 提升财务管理与会计核算人员的国际化水平

人才是推动财务管理与会计核算国际化的关键。企业应注重培养具备国际视野和专业技能的财务管理与会计核算人才。通过定期组织国际化培训、交流学习等活动，提升员工的专业素养和跨文化沟通能力。同时，积极引进具有国际经验的优秀人才，为企业注入新的活力。

(三) 利用信息化技术推动财务管理与会计核算的国际化

信息化技术是实现财务管理与会计核算国际化的重要手段。企业应充分利用现代信息技术，建立高效的财务管理与会计核算系统。通过云计算、大数据等技术手段，实现财务信息的实时共享和高效处理，提高财务管理和会计核算的效率和准确性。同时，企业借助国际化财务管理软件，可以更好地与国际接轨，提升企业的国际化水平。

(四) 加强国际交流与合作，推动财务管理与会计核算的国际化进程

加强国际交流与合作是推动财务管理与会计核算国际化的重要途径。企业应积极参与国际财务管理与会计核算的交流与合作活动，了解国际最新的财务管理理念和核算方法。同时，积极寻求与国际先进企业的合作机会，共同推动财务管理与会计核算的国际化发展。

(五) 建立风险评估与应对机制，保障国际化进程的稳健性

在推动财务管理与会计核算国际化的过程中，企业不可避免地会面临各种风险和挑战。因此，建立风险评估与应对机制显得尤为重要。企业应定期对国际化进程中的风险进行评估和预测，制定相应的风险应对策略和措施。同时，加强与国际金融监管机构的沟通与合作，共同应对国际化进程中的风险和挑战。

推动财务管理与会计核算的国际化发展是企业适应全球化趋势、提升

国际竞争力的必然选择。通过加强制度建设、提升人才素质、利用信息化技术、加强国际交流与合作以及建立风险评估与应对机制等措施，可以有效推动财务管理与会计核算的协同国际化发展，为企业的长远发展奠定坚实的基础。

综上所述，财务管理与会计核算的协同发展是企业提升管理水平、实现经济效益最大化的重要途径。通过建立统一的管理与核算体系、加强信息化建设、提升人员素质、强化风险管理与内部控制以及推动国际化发展等措施，可以推动企业财务管理与会计核算的深度整合，为企业发展提供有力支持。

结束语

随着全球经济的快速变化和数字化技术的不断发展，财务管理与会计核算领域也迎来了前所未有的挑战与机遇。本书旨在深入探讨这一领域的理论与实践，为读者提供一套系统、全面的知识体系，以期在日益复杂多变的商业环境中，为企业的稳健发展和价值创造提供有力的支撑。

回顾本书的研究内容，不难发现，财务管理与会计核算不仅仅是企业日常运营的重要工具，更是企业决策、战略规划和风险控制的关键所在。通过对财务报表的深入分析，我们能够洞察企业的运营状况、盈利能力和发展潜力；通过合理的财务管理策略，我们能够优化企业的资源配置，提升其经营效率，增强市场竞争力。

同时，我们也应该看到，财务管理与会计核算领域的发展离不开技术创新和人才培养。数字化技术的广泛应用为财务管理带来了更加高效、精准的数据处理和分析手段，使得财务管理的决策支持作用更加突出。而人才的培养则是推动财务管理与会计核算领域持续发展的重要动力，只有拥有一支具备专业知识、创新意识和实践能力的财务人才队伍，企业才能在激烈的市场竞争中立于不败之地。

展望未来，财务管理与会计核算领域将继续面临新的挑战和机遇。随着全球经济一体化的深入推进和新兴市场的不断崛起，企业需要更加关注国际财务规则和标准的变化，加强跨国财务管理和会计核算的协调与合作。同时，随着可持续发展理念的深入人心，企业也需要将社会责任和环境保护纳入财务管理的考量范畴，推动企业的可持续发展。

本书的研究只是财务管理与会计核算领域的一个起点，笔者期待更多的学者和实践者能够深入探索这一领域的奥秘，共同推动财务管理与会计核算事业的发展。同时，笔者也希望广大读者能够从中受益，将所学知识运用到实际工作中，为企业的发展贡献自己的力量。

最后，感谢所有为本书写作、编辑和出版付出辛勤努力的人员，你们的辛勤工作使得这本书能够呈现在读者面前。同时，也感谢广大读者的支持和关注，你们的反馈和建议是笔者不断进步的动力。让我们携手共进，共创财务管理与会计核算的美好未来！

参考文献

[1] 袁泽宇 . 企业财务会计内部控制管理研究 [J]. 活力，2024，42(10)：73-75.

[2] 斯琴 . 企业高质量发展要求与财务管理转型 [J]. 活力，2024，42(10)：136-138.

[3] 陈虎，郭奕 . 企业财务数智化发展趋势与转型框架 [J]. 财会月刊，2024，45(12)：15-21.

[4] 冷双娣 . 企业财务数字化转型的探究 [J]. 产业创新研究，2024(10)：160-162.

[5] 李冬青 . 财务共享下的企业会计工作转型 [J]. 中国集体经济，2024(15)：125-128.

[6] 顾哲英 . 浅析企业财务管理中的风险管理策略 [J]. 中国集体经济，2024(15)：177-180.

[7] 杨俊鸿 . 企业财务管理风险及相关措施分析 [J]. 中国集体经济，2024(15)：157-160.

[8] 于靖琦 . 大数据时代下企业财务管理存在的问题及解决措施 [J]. 投资与合作，2024(05)：103-105.

[9] 张二静 . 关于财务数智化转型的有效路径 [J]. 中国市场，2024(15)：131-134.

[10] 王瑞 . 基于财务风险管理的国有企业内控体系构建策略研究 [J]. 商场现代化，2024(11)：180-182.

[11] 田昀璞 . 探究业财融合财务管理模式改革 [J]. 今日财富，2024(15)：158-160.

[12] 林云羡 . 基于财务战略规划的企业经营风险规避策略 [J]. 今日财富，2024(15)：89-91.

[13] 焦利之.企业现金流量管理优化策略 [J].今日财富，2024(15)：98-100.

[14] 费冬梅.人工智能技术在财务共享中心会计核算中的运用分析 [J].中国信息化，2024(05)：77-79.

[15] 丁晓.企业财务管理中的金融投资风险问题及其对策 [J].老字号品牌营销，2024(10)：118-120.

[16] 王宇薇.大数据时代企业财务管理信息化建设的路径研究 [J].老字号品牌营销，2024(10)：152-154.

[17] 任卿.企业资金管理的困境及解决方法分析 [J].中国市场，2024(14)：78-81.

[18] 黄晶.企业财务管理中内部控制存在的问题与措施研究 [J].中国市场，2024(14)：147-150.

[19] 王思园.大数据背景下项目管理在企业中的应用分析 [J].中国市场，2024(14)：195-198.

[20] 王书君.企业财务会计管理工作提质增效的有效方法研究 [J].商场现代化，2024(10)：186-188.

[21] 杨秀丽.新经济背景下企业工商管理的信息化建设 [J].商场现代化，2024(10)：101-103.

[22] 陈易安.企业财务管理中实施业财融合存在的问题及对策探析 [J].国际商务财会，2024(09)：47-55.

[23] 张浩浩.企业财务管理业务与财务核算业务融合的思考 [J].商场现代化，2024(09)：171-173.

[24] 王飞.大数据时代下财务风险管理策略与企业价值创造 [J].商场现代化，2024(09)：177-179.

[25] 王小俊.企业财务管理运用税务筹划所含风险与防范研究 [J].商场现代化，2024(09)：180-182.

[26] 朱丽婷.信息化背景下企业会计核算优化对策 [J].中国集体经济，2024(14)：141-144.

[27] 赖梅香.业财融合背景下企业财务信息化管理 [J].现代审计与会计，2024(05)：39-41.

[28] 钱忠璐.企业基本建设项目财务管理与项目核算刍议 [J].中国会

展，2024（09）：85-87.

[29] 赵亚静 . 新时期会计审计优化企业财务管理路径 [J]. 活力，2024，42（09）：52-54.

[30] 乔淑琮 . 内控制度对企业财务风险管理的影响研究 [J]. 活力，2024，42（09）：79-81.

[31] 杨敏 . 财务共享模式下如何提高会计核算质量 [J]. 活力，2024，42（09）：100-102.

[32] 孙艾青 . 新收入准则对企业会计核算工作的影响及促进研究 [J]. 活力，2024，42（09）：118-120.

[33] 王晓敏 . 浅谈企业财务会计核算的问题和改进措施 [J]. 活力，2024，42（09）：70-72.

[34] 潘娟 . 优化财务管理与融资渠道对企业平稳发展至关重要 [J]. 中国商界，2024（05）：56-57.

[35] 屈永娟 . 加强企业会计核算提升财务管理水平 [J]. 中国商界，2024（05）：150-151.

[36] 刘吉涛 . 财务核算交给共享中心后如何做好管理会计工作 [J]. 经营与管理，2024（05）：95-100.

[37] 梁颖 . 提高成本会计信息质量优化企业经营决策 [J]. 上海企业，2024（05）：68-70.

[38] 姚翔 . 新会计准则下长期股权投资会计核算存在的问题与应对策略 [J]. 上海企业，2024（05）：59-61.

[39] 张春放 . 财务共享模式下会计核算质量管理研究 [J]. 老字号品牌营销，2024（09）：78-80.

[40] 熊云方 . 税收筹划在企业会计核算中的应用分析 [J]. 现代营销（上旬刊），2024（05）：100-102.

[41] 刘庭 . 基于财务共享模式的会计核算质量管理策略分析 [J]. 财会学习，2024（13）：92-94.

[42] 周晓梅 . 企业会计核算中税收筹划的运用研究 [J]. 中国集体经济，2024（13）：101-104.

[43] 郑兰 . 关于加强现代企业会计核算管理的相关思考 [J]. 商讯，2024

（09）：73-76.

[44] 代冰莹，雷舒靓，樊姣姣．财务会计在企业中的应用研究 [M]．北京：中国商务出版社，2023.

[45] 刘国庆．财务会计与企业管理研究 [M]．北京：中国商务出版社，2023.

[46] 童娜琼，魏炜．基于商业模式的会计核算与财务分析 [M]．北京：北京大学出版社，2023.

[47] 杨健．智能会计核算 [M]．上海：立信会计出版社，2023.

[48] 黄华．企业财务会计创新 [M]．长春：吉林出版集团股份有限公司，2023.

[49] 肖敏，谢丽芳，何海龙．财务会计与管理研究 [M]．北京：中国商务出版社，2023.

[50] 李玲．企业财务会计与内控制度体系构建 [M]．长春：吉林出版集团股份有限公司，2023.

[51] 朱丰伟，袁雁鸣，安金萍．现代财务会计与企业管理研究 [M]．北京：中国商务出版社，2023.

[52] 牛伟伟，姚小平．财务会计理论的发展与创新 [M]．哈尔滨：东北林业大学出版社，2023.

[53] 秦炎平，库向芳，李蔚．财务管理与会计实践研究 [M]．长春：吉林出版集团股份有限公司，2023.